滑雪场

设施设备使用与维护

肖相霍　李浩然　主编

辽宁教育出版社

·沈阳·

ⓒ 肖相霍 李浩然 2023

图书在版编目（CIP）数据

滑雪场设施设备使用与维护 / 肖相霍，李浩然主编. — 沈阳：
辽宁教育出版社，2023.12（2024.4 重印）
ISBN 978-7-5549-4013-6

Ⅰ.①滑… Ⅱ.①肖… ②李… Ⅲ.①雪上运动—场
地—设备管理 Ⅳ.①G863.1

中国国家版本馆CIP数据核字（2024）第018625号

滑雪场设施设备使用与维护
HUAXUECHANG SHESHI SHEBEI SHIYONG YU WEIHU

出 品 人：张　领
出版发行：辽宁教育出版社（地址：沈阳市和平区十一纬路25号　邮编：110003）
　　　　　电话：024-23284410（总编室）024-23284652（购书）
　　　　　http://www.lep.com.cn
印　　刷：辽宁盛通印刷有限公司

责任编辑：白径遥
封面设计：意·装帧设计
责任校对：王　静
幅面尺寸：185mm×260mm
印　　张：11
字　　数：230千字
出版时间：2024年1月第1版
印刷时间：2024年4月第2次印刷

书　　号：ISBN 978-7-5549-4013-6
定　　价：79.00元

前　言

　　随着我国经济快速增长和人民健康观念的转变，滑雪运动开始被广泛接受和推广。《国务院关于加快发展体育产业促进体育消费的若干意见》（国发〔2014〕46号）中明确提出要促进冰雪运动繁荣发展。北京成功申办2022年冬奥会以及习近平总书记提出的"3亿人参与冰雪运动"，使我国滑雪产业迎来了新的发展高潮。滑雪设施设备作为滑雪产业的上游组成部分，对于推动我国滑雪产业发展具有重要的带动和促进作用。明晰我国滑雪设施设备发展现状与性能，探求提高市场占有率的对策，对我国滑雪产业发展具有重要意义。

　　滑雪场作为一个旅游休闲的场所，必须具备完善的设施设备，以保证游客的安全和滑雪体验的质量。然而，滑雪场的设备使用与维修并非易事，需要一定的专业知识和技能。本文将介绍滑雪场设施设备使用与维修的相关内容，旨在提供一些指导和建议，帮助滑雪场管理者有效地管理和维护设备，保障滑雪场的运营顺利进行。

　　滑雪场设施设备的使用与维修是确保滑雪场正常运营的关键。以下是一些关于滑雪场设施设备使用与维修的要点：

1. 设备使用

培训与操作：确保所有操作员都接受过专业培训，并了解设备的正确操作方法。只有熟悉设备的操作规程和安全注意事项的工作人员才能负责使用设备。

定期检查和维护：定期检查设备的各个部件，确保其运行正常且安全。根据设备的使用频率和要求，进行预防性维护，如更换零件、润滑和调整等。

设备日志记录：建立设备使用日志，记录设备的操作时间、维护记录等信息。这有助于跟踪设备的使用情况，并及时发现和解决潜在问题。

2. 设备维修

建立维修计划：制订设备维修计划，包括设备维护和修理的时间表。按照计划进行定期检查和维护，以提前发现和解决问题，避免因设备故障对滑雪场运营造成不必要的延误。

寻求专业支持：如果设备出现故障或需要维修，最好寻求专业维修人员的支持。他们具有专业的知识和经验，可以快速而有效地解决问题，确保设备的正常运行。

存储和保养：设备在非使用时应妥善存放，避免日晒雨淋或受到损坏。同时，定期对存放设备进行检查，确保其处于良好的工作状态。

预防保养：预防保养是设备维修的重要一环。定期清洁设备并检查设备的易损部件，及时更换或修复，以延长设备的使用寿命并有效降低维修成本。

分析我国雪场设施设备的现状，提出应该健全滑雪设施设备制造产业质量管理标准的相关建议；制定相关政策扶持本土企业，打造本土品牌；建立产学研基地，提高自身创新能力；重视滑雪设施设备产业研发人员、安装与检修人员、维护与服务人员的培养；消化吸收国外先进的滑雪设施设备制造技术。为未来滑雪场设施与装备的选购、滑雪设施设备制造企业的发展提供指导方向，提高滑雪设施设备制造行业发展水平。

科学使用和维护滑雪场设施设备是确保游客安全、提高设备使用寿命和降低运营成本的关键。通过遵循制造商或供应商提供的操作规程和使用建议，以及定期进行维护和检查，可以确保设备的正常运行并延长其使用寿命。同时，及时报告故障和填写维护记录也有助于及时解决问题并跟踪设备的维护历史。通过合理的使用和维护，可以确保滑雪场设施设备的正常运行，并为滑雪爱好者提供良好的滑雪体验。

本书由辽宁职业学院和辽阳弓长岭温泉滑雪场校企合作完成。具体编写分工如下：肖相霍：第一章、第四章、第五章，李浩然：第二章、第三章、附录。

在本书编写过程中，参考和吸收了很多优秀学者的理论和经验，在此表示感谢。由于编者水平有限、时间仓促，书中难免存在疏漏与错误之处，恳请同人与各位读者见谅并批评指正！

编者

2023 年 11 月

目　录

滑雪场设施设备概述

中国滑雪场所管理规范中指出，滑雪场的设施设备是指滑雪场所内为滑雪者服务而配置的器械、设施。现代规模滑雪场所的基本设备应包括滑雪索道、压雪车、造雪机、雪地摩托车、雪地运输专用车辆等。

第一节　滑雪场设施设备简介

滑雪场常用设施设备包括造雪机、压雪机、索道、雪地摩托车等。

一、造雪机

造雪机（俗称"雪炮"）的主要功能就是为滑雪场提供大量的、低成本的人造雪（如图1-1）。在一定的温度和湿度条件下，造雪机里的高压水经过喷嘴喷出后形成微小水雾，同时由空气压缩机产生的高压空气，同高压水混合后经核子器喷嘴喷出产生种子雪粒，再加上大马力风扇的作用，这些种子雪粒与微小水雾在抛射过程中相结合，形成了滑雪场所需要的雪粒。

图1-1　造雪机

造雪机分为固定式和可移动式两大类。固定式造雪机主要用于高山雪场大型滑雪道，需要中央空气压缩机和中央供水系统，造雪量大，但成本相对较高。移动式造雪机装有车轮，除可以移动外，仅需要简单的空气压缩机和供水系统，因此成本较低，适用于造雪量要求不大的一般山地雪场。

按照来源，雪可以简单分为天然雪、人造雪和仿真雪。天然雪较为疏松，相对更软、更湿、更黏，且在阳光下容易融化，而人造雪则相对较硬。因此，大多数雪场的雪道均采用天然雪和人造雪相结合的方式，比如，在天然雪上铺一层人造雪，再下天然雪，再铺人造雪。

二、压雪机

压雪机的外形酷似履带式拖拉机，它的主要用途是管理和平整雪道，具有压雪、平雪、推雪和打碎硬雪等功能。压雪机是目前平整雪场和雪道最先进的机械化设备，将天然的降雪和造雪机制造的人造雪进行疏松、平整、压实，形成平整洁白的雪道（如图1-2）。

图1-2 压雪机

按照使用场地的坡度由低到高，压雪机分为越野压雪机、高山压雪机和绕盘式压雪机三类。对于雪场的最高要求，就是好的雪道、好的造雪机、好的压雪机相结合，这样才能建成好的雪场。

三、索道

索道是雪场主要的运载工具，也是评定雪场等级的重要指标之一。它由电动机、钢架、钢丝绳、链轨、轮盘以及各种吊箱椅组成，通过电力和机械驱动运行，从而达到输送人员的目的（如图1-3）。

图1-3　索道

索道分缆车和拖牵两大类，其中缆车分为吊椅式和箱式两种，拖牵分为大拖牵和小拖牵，大拖牵依靠两腿夹紧拖牵装置，小拖牵则靠双手拉住把手。

四、雪地魔毯

雪地魔毯又叫雪场电梯，不同于电梯的是魔毯没有梯级，由一张坡度连续的"毯"来提供运力。魔毯通常设置在坡缓的初级雪道，各大雪场使用最广泛的输送设备就是魔毯（如图1-4）。

图 1-4　雪地魔毯

因雪地魔毯具有输送量大、运行平稳、维修方便的特点，除了一些早期小型滑雪场的初级雪道区仍在使用拖牵索道外，国内大部分滑雪场的初级雪道区都已经换用雪地魔毯。随着需求量越来越大，雪地魔毯的运用范围越来越广泛，国内雪地魔毯单条长度已经突破400 m。

五、雪地摩托

雪地摩托是雪场用途最广泛、最便捷的交通工具，它的用途主要包括查线、急救、娱乐、运输等（如图1-5）。

图 1-5　雪地摩托

此外，滑雪场的设备还包括滑道、封闭性载客履带、山地车、蹦极、滑索、滑雪圈、热气球等娱乐设施。

第二节 滑雪场设施设备的起源及发展

目前，国内滑雪场雪道的建设98%以上依赖人工造雪，由此可见，造雪机、压雪机几乎成为滑雪场的必备设备。国产品牌的造雪设备、压雪设备虽然价格优势显著，但受国内相关产业起步较晚、技术研发力量薄弱等因素影响，在质量与功能方面都与国外品牌存在差距。核心技术的缺失必然导致国产品牌在商业竞争中处于弱势地位，所以，目前国内主要滑雪设备生产厂商的市场份额相较于国外品牌还有较大差距。

除造雪机、压雪机设备外，滑雪场运营中需要的设备还包括索道、魔毯和雪地摩托等。目前，国内滑雪场的主要滑雪设备大部分选择进口品牌，多以美国、加拿大和奥地利的品牌为主。对于有着悠久滑雪运动历史的美国与北欧国家来说，上述设备的产品设计及生产工艺都相对成熟。相反，近些年在滑雪场兴起的魔毯则大多来自国内的生产厂家。

压雪机在滑雪设备生产行业中占据着重要地位。目前，我国使用的压雪机数量较少，仍有很大的市场空间。随着滑雪产业的快速成长，滑雪设备市场前景备受关注，市场空间巨大。近年来，我国滑雪相关的企业加快转型发展，积极响应国家加快培育发展我国冰雪装备器材的产业政策，把握北京冬奥会给冰雪产业带来的发展机遇，立足高起点，研制、升级大型高端压雪机，掌握了电控系统、液压传动等关键核心技术，研制成功的压雪机集合了耐低温材料、静液传动电子控制等先进技术，在性能、结构、关键电液技术方面达到国际先进水平，推动了冰雪装备国产化。

同时，以积极承接"科技冬奥"国家重点科研项目为契机，不断丰富压雪机品种，逐步形成微、小、中、大型压雪机系列产品，为用户提供从配置到维护服务的"专属"一体化解决方案，满足不同的市场需求。

第三节　我国滑雪场设施设备发展现状

一、国内造雪机发展现状

我国以东北、华北和西北为代表的滑雪资源富集区域，气候为大陆性季风气候，冬季寒冷干燥且降雪较少。因此，除个别区域，如新疆阿勒泰区域、长白山自然保护区，绝大部分的滑雪场均需配备人工造雪系统。

国内造雪机的生产研发起源于 20 世纪 90 年代，1995 年，航天部研究人员研制出了中国首批造雪机并于第二年首试成功。2005 年底，香港建机机械有限公司研发出了雪师牌造雪机，分为立式、枪式和移动式三种，并分别在山东、北京等地试运行。

近年来，国内滑雪设备制造产业迎来了发展的高峰，市场上出现了诺泰克、雪城、铭星等品牌造雪机。目前国内主要的滑雪设备生产厂商和设备种类（见表 1-1）如下。

表 1-1　国内主要滑雪设备生产厂商和设备种类

生产厂商	设备种类
北京卡宾滑雪集团	造雪机、压雪机
牡丹江雪城机械制造有限责任公司	造雪机、雪地摩托
诺泰克滑雪设备有限公司	造雪机、雪地魔毯
哈尔滨鸿基索道工程有限公司	架空索道、拖牵索道
北京国游索道工程有限公司	拖牵索道、魔毯
北京起重运输机械设计研究院	脱挂索道
沈阳娅豪滑雪服务有限公司	魔毯
无锡尼维特摩托	雪地摩托

生产厂商	设备种类
广西玉林悍牛工程机器有限公司	压雪机
铭星冰雪科技有限公司	造雪机
雪霸王造雪机厂	造雪机

二、国内压雪机的发展现状

对于滑雪场来说，压雪机作为场地维护的重要装备是必不可少的。按照不同型号，进口压雪机的价格一般为每台 150～500 万元不等。由于价格昂贵，因此国内滑雪场使用压雪机的数量相对较少，以中小型压雪机居多。目前，我国滑雪场所配备的压雪机中，有很大一部分是二手设备。

广西玉林悍牛工程机器有限公司是国内首家进行压雪机自主研发的公司。该公司于 2010 年开始研发压雪机，经过 5 年的不懈努力，于 2015 年成功研发了"悍牛"压雪机。"悍牛"压雪机分为多个型号，分别适用于大型、中小型以及室内滑雪场的压雪、松雪和推雪等工作。

三、国内滑雪场运载系统的发展现状

高山滑雪离不开运载设施，过去几十年来，国内的滑雪运载系统经历了越野车、拖牵、魔毯、固定式抱索器架空缆车、高速脱挂式架空缆车等发展阶段，近些年还出现了雪地摩托、雪猫和直升机等新型运载工具。

近年来，随着国内旅游业的兴起，冰雪旅游开始成为冬季旅游的热点，因而滑雪运动开始被大众追捧。许多从未接触过冰雪的人都会把滑雪作为旅游的重点，因此雪场初级雪道游客负荷加重。滑雪场发展初期使用的拖牵类运载系统（目前仍常见于小型雪场）因运力不足已逐渐被淘汰，而适用于初级雪道的短途运载系统——魔毯，应用范围则越来越广泛，国产魔毯的长度已经能够达到 400 m。

另外，固定式抱索器架空索道也逐渐被放弃，脱挂式高速架空索道基本集中在垂直落差超过 300 m 的滑雪场中。我国滑雪场索道平均拥有量仅为 1 条，而法国、奥地利、日本等国家虽然雪场面积比我国小，但索道数量是我国的 3 倍以上，例如奥地利境内拥有滑雪场 254 座，而滑雪索道多达 3 000 多条。在我国，滑雪索道中大部分是运量小、速度低等性能稍落后的偏低端产品，造成游客候车时间长，乘车安全感差，严重影响滑雪体验以及雪场效益，而运量大、安全性高的高速脱挂式抱索器索道长期被国外公司垄断，价格居高不下。随着中国滑雪旅游业的快速发展，我们急需发展具有自主知识产权的高速脱挂式抱索器索道。

欧洲的索道技术发展较早，已经掌握了包括高速脱挂索道在内的核心生产技术，主要生产国家有奥地利、意大利、法国。在技术研发方面，国外索道公司建设了现代化的设备加工厂，从原材料加工、设备生产到设备组装，已经形成一套非常完善的加工、组装、质量检测体系。尤其是在成熟产品方面，国外公司都实现了系列化和标准化。

国产索道的生产与研发已经有 50 多年的历史，国产索道的主要型式都是由处于国内行业领先地位的北京起重运输设计研究院（以下简称"北起院"）研制成功并推向市场的。我国共有客运索道近千条，主要为固定式抱索器索道。直到 21 世纪初，北起院历经近 10 年时间，成功研发出脱挂式抱索器客运索道技术，填补了我国该项技术的空白，打破了国外同类产品在我国长期垄断的市场格局，技术达到了国际同类产品的领先水平。2016 年 3 月，北起院将脱挂式抱索器客运索道这一国内领先科技成果向规模制造转化，建成了我国首套脱挂式索道核心部件生产线及配套产品安全监测和试验平台，实现了国产脱挂式索道产能的大幅提升，推动了国产索道装备走向世界。

总体来说，我国滑雪设备产业基础薄弱，自主研发和创新能力较低，一直以成套引进国外高端硬件设备为主，消化、吸收核心技术的能力和创新能力较差，各类设备的研发能力仍停留在初级阶段——模仿的水平，缺乏创新性核心技术。我国滑雪装备制造业的发展模式是消化、吸收、再创造，也仅仅局限在中低端产品。

造成我国滑雪产业发展模式局限于低端、仿造的主要原因是相关技术开发投入不足。滑雪设备在我国装备制造企业中占比较小，这主要是设备对技术含量要求很高，需要投入大量的人力、物力并进行长期的试验，同时还需承担技术研发失败带来的投资风险，对于这种长周期、高风险、回报率相对不高的项目往往难以吸引资本的投入。同时，由于国内滑雪装备制造产业近几年刚刚兴起，未形成规模化、产业化，主要制造企业产品集中度较低，研发也没有达到专业化、标准化水平，因此给市场推广带来巨大的困难。

第四节 滑雪场设施设备的发展方向

一、滑雪场设备未来的发展方向

对于广大滑雪场的经营者，一直被这样的矛盾困扰着，即一方面进口设备可靠性好、功能强大，且配备完善的售后服务体系；另一方面进口设备价格昂贵，不仅体现在直接采购成本上，在设备发生故障后，部件的更换也需要经过订购、报关、运输等一系列繁复环节，耗费大量的时间和金钱成本。因此，未来滑雪场建造所需设备的国产化是非常必要的。

目前，国内个别滑雪设备制造厂商生产的雪地摩托等产品已经开始出口到北美、欧洲等地区。中国的滑雪设备生产规模呈现不断上升趋势，一些公司通过引进外资和技术开拓新的领域，提高了国内滑雪市场的占有率。借助品牌的本土优势，质优价廉会成为国产滑雪设备的最大优势。在设备知识培训、维修保养等售后服务方面，国产设备公司也在力争超国际一流。

参考以往冬奥会的经验，2022年北京冬奥会给领先的国产品牌带来了发展机遇。在产业链方面，国家鼓励通过大力发展冰雪运动，带动冰雪设备、装备生产、有效扩大冰雪体育产业的市场供给。目前国内冰雪产业还处于起步阶段，对人工造雪等设备的需求必将持续增加，当前是大力发展相关产业的最好时机。

2021年以来，河北宣化工程机械发展有限公司对SG400压雪机持续进行优化升级（如图1-6），完成了19个部件的109项改进设计，16项重点项目技术攻关，在优化SG400压雪机整机全部部件的设计开发方面持续取得突破进展。技术团队在自动化、智能技术、清洁动力方面加大研发力量，实现了压雪机故障预判联机作业、车队联机作业管理、无人驾驶等功能新突破。解决了整机技术难点，在整机工业设计、电气控制系统、液压传动系统、行走底盘系统等关键技术环节实现自主设计，为今后丰富压雪机品种，逐步形成微、小、中、大型压雪机系列产品，进一步满足不同市场需求以及产品系统性开发打下基础，为SG400压雪机全面推向市场做好准备。

图1-6 SG400压雪机

二、国内滑雪装备制造业的发展策略

我国滑雪运动起步较晚，滑雪运动普及率不高，导致我国的滑雪设备制造业发展落后。在生产规模、品牌知名度、自主创新能力、市场经营模式等方面与发达国家存在较大差距。在"中国制造2025"国家战略的大背景下，滑雪装备制造产业要趁此东风，在政府的大力支持下，坚持"创新驱动、质量为先"的基本方针，全面提升装备的设计研发创新能力，走向规模化、前沿化，逐渐缩小与发达国家装备制造业的水平差距。

（一）企业应提高自身技术水平和创新能力

1. 加大对科技研发的投入，占领中低端市场

近年来，我国滑雪设施与装备制造企业并不在少数，但是规模大多不高，产品性能参差不齐，究其原因，还是科技含量不高，创新能力不过关。我国的滑雪设施与装备制造企业应该在充分了解自身实力的前提下，借助国家相关部门在政策上的资金支持和融资调控，加大科技研发的投入力度，完善相关配套产业链条，发挥本土优势，开发高质量的滑雪设施与装备，提供完善的产品售后服务，树立人气极佳的良好品牌形象。

国内生产厂商应该充分发挥其了解中国市场、了解中国人的本土优势，认真研究不同层次滑雪场和消费者的需求，重点开发中低端滑雪产品，占领一定的市场后，再进行高端产品的研发和生产，打造符合中国特色和中国人使用习惯的产品。

滑雪设施制造企业生产的产品主要应用于滑雪场，滑雪设施装备作为滑雪产业链的上游产品，与滑雪场有着密不可分的关系。国内产品在改善性能下提高研发水平的过程中，还应多与滑雪场管理人员沟通，毕竟滑雪产品的使用地点在滑雪场，雪场经营者更明白市场需要什么样的产品以及我国国产品牌与国外知名品牌的差距。雪场管理者帮助滑雪制造企业找到产品缺陷的

症结，可以推动我国国产滑雪品牌的进步，滑雪制造企业可以将最新研发的产品提供给雪场免费应用，检验产品的性能和功能，逐步提高国产品牌的市场占有率。

2. 建立产学研基地，推进科技成果转化

推动我国滑雪设施装备的发展，离不开核心科学技术。高等院校的实验室和研究所是孕育我国高等设计人才的场所，企业在开展新产品研发时，不能够闭门造车搞研究，应该与相关高校合作，建立以滑雪设施与装备制造产业园区为中心的产学研一体化产业园区，将高校中的材料学、运动生物力学、计算机科学等相关学科的优势应用到新产品的研发中去。

滑雪设施装备制造企业与高校的合作可以有多种形式，第一种合作形式是企业与高校共同建立实验室，专门进行滑雪设施与装备新技术的研发，高校为企业提供科技研发人员，企业为实验室投入物力、财力支持，高校学生在实验室做相关研究，可以更好地将理论应用于实践，加快企业创新的步伐。第二种合作形式是高校长期派送研究滑雪设施领域的学生到国内大中型企业进行实习，与企业现有的研发人员共同攻克技术难题，实习活动也有利于学生撰写专利及论文。第三种合作模式是企业直接购买高校相关实验室的技术专利，把成熟的技术直接应用到自身产品的研发中，推动新产品研发与生产的进度。

（二）健全滑雪设施与装备制造业质量管理标准

滑雪设施制造业与装备制造业是关联性很强的产业，可以极大地带动相关产业的发展和转型。中国滑雪协会应牵头各省市滑雪协会，完善《滑雪场管理标准》，建立健全《中国滑雪设施装备制造管理标准》，对滑雪大型设施和装备产品的生产流程、质量检测、售后服务等问题进行详细、明确的规定，完善产品检验标准，规范行业生产，对于不符合质量检测的产品不允许其投放市场并对违者予以严厉处罚，培育良好的滑雪设施与装备制造设计研发体系、生产制造体系和售后服务保障体系，使得滑雪设施装备制造企业有据可依，逐步提升整个滑雪制造行业的水准。

国外滑雪设施与装备制造企业大多拥有五六十年，甚至是近百年历史。在设计生产和原料采购方面有非常严格的规定，美国、奥地利、瑞士、日本等国都拥有多个品牌产品，形成了自己独立的滑雪产业制造体系。想要全面提升我国滑雪设施与装备制造产业的水平，需要学习国外发达国家优秀的管理体系，对产品的设计、研发、原材料的采购、生产、检测、销售、售后维护等所有环节进行严格监督和管理，逐渐将产业规范化。

（三）重视滑雪产业相关人才培养

1. 设施装备研发与销售人员

设施装备研发人员对于研究中的产品能否进入市场，起着至关重要的作用。国产滑雪设施装备制造企业应当加强滑雪产业人才队伍建设，引进高级科技研发人员，通过国家的优惠政策为其申请更多的科研经费并提高薪资福利，使研发人员运用自身所学将先进的科学技术应用到产品设计中，不断提高国有产品的品牌竞争力。同时，对企业销售人员进行产品知识培训，使销售人员首先了解本企业产品的特性、创新点及使用方法，才能将产品更好地推向市场。

2. 设施装备安装、检修人员

设施装备安装人员担负着将大型滑雪设施装备安装至滑雪场的重要任务，不仅需要将大型设施和滑雪装备合理进行组装，还要告知雪场工作人员具体的使用方法和日常维护方法。滑雪设施与装备企业要引进、培养一批优质的安装、检修设备人员，提高设施装备安装人员的职业素质，及面对突发事件时分析问题、解决问题的能力。不断完善多元化的服务体系，提升产品安装、检修人员的核心业务技能。设施检修人员可以在滑雪设施与装备投入使用的第一步做好预防，为今后的合理使用奠定基础，同时也会为企业赢得良好的声誉和好评。

（四）消化吸收国外先进滑雪设施装备核心技术

1. 与国外知名品牌开展战略研究合作

中国作为制造业大国，在滑雪设施与装备制造方面与其他国家有很强的互补性。对待国外知名品牌的高端产品，我们不能够单一地模仿或仿造，而是要引进技术消化吸收后再创新，掌握关键技术、核心技术及前瞻性技术，缩短自身科技研发周期。

2013 年，361 度运动品牌与芬兰著名的冬季运动品牌 One Way Sport 合作，成立合资企业，共同开发碳纤维越野滑雪板、滑雪鞋等高端滑雪运动产品。在合作过程中，One Way Sport 提供了主要的产品设计、研发及技术创新。这是我国滑雪设施装备制造企业与国外知名滑雪制造企业建立合作关系的成功例子，在合作中，快速提高了本土研发人员的技术水平，将合作产品推向市场并赢得好评，从而提升本土企业的美誉度。

2. 开展多种形式的技术经验交流活动

政府有关部门主导，为中外滑雪设施与装备制造企业间人员的交流创造条件，输送我国优秀的企业管理者，研发人员，设备安装、检修人员至滑雪产业发达国家学习先进的经营管理理念和世界滑雪产业通用的管理标准和机制，与优秀的滑雪产品制造业人员进行学习和交流，吸收借鉴先进的技术和管理经验，激发滑雪行业从业者的工作热情，更好地发挥自身优势，推动我国滑雪产业的发展。

如今，滑雪热度提高，各类有关滑雪和冬季运动的论坛及展会为滑雪技术经验交流创造了条件。每年在中国举办的 ISPO 运动用品与时尚展、中国国际冬季体育产业大会、冬季运动博览会，以及在美国举办的"滑雪用具设备展览"都吸引了国内外滑雪从业者参加，滑雪场管理人员、企业管理者及研发人员应抓住学术交流、展会论坛等时机，向国外的优秀雪场管理人员、研发人员学习，弥补自身不足。

（五）扶持培育国有滑雪设施与装备制造企业

1. 制定相关政策扶持本土企业

随着国家大力发展滑雪产业，滑雪设施与装备制造业作为滑雪产业的上游部分，对其发展有拉动作用。国家及各省市政府应该重视滑雪产业转化率较低的问题，以申办冬奥会为契机，在《关于加快体育产业促进体育消费的若干意见》《中国制造 2025》等文件基础上，统筹规划，突出重点，加快制定与我国滑雪设施与装备制造业发展相关的战略规划，落实鼓励我国滑雪设施与装备制造企业发展的相关政策或文件，扶持本土企业，为拥有自主知识产权和自主创新能力的企业提供政策支持和资金保障。加大滑雪设施与装备制造业核心技术研发的力度，加大财税、金融扶持力度，调动企业进行生产和创造新技术的积极性，鼓励在滑雪设施与装备制造方面作出示范带头作用的企业进行科技研发和创新，对拥有自主知识产权、成套装备生产的企业，给予税收优惠或财政补贴。培育有竞争力的，可以与国外品牌相抗衡的本土滑雪设施与装备制造企业，推动我国滑雪设施与装备制造业向规范化、市场化、国际化的方向迅速发展和壮大。

对购买国产滑雪设施装备的滑雪场给予一定的优惠或补贴，以增强我国滑雪设施与装备产品的市场占有率。扶持有竞争力的、有实力的大企业和国外企业抗衡，加快滑雪设施国产化的脚步，以 2022 年北京冬奥会为契机，发挥"中国制造"的优势。

出台相关政策保障滑雪设施装备研发、销售、安装、检修、操作人员的权益，提高行业薪资水平，完善从业人员五险一金等基础保障，为滑雪场和滑雪制造企业留住人才，避免出现雪季结束后工作人员辞职，第二个雪季重新招募工作人员的尴尬局面。

2. 加强企业间的战略合作

要扭转我国本土滑雪设施与装备制造产品的落后局面，首先需要政府用长远的发展眼光，帮助相关企业冷静地分析市场，制订正确的战略投资规划，避免一味地想要"做大做强"而忽视了产品的质量和性能。通过对不同地区文化和地理因素的分析，结合滑雪旅游市场的优势，引导企业打造有自身特色的精品装备，将自己的产品做细做精，走品牌化道路。

政府带动中国滑雪协会牵头建立滑雪制造业战略联盟，充分发挥政府宏观调控的作用，制订区域产业发展规划和政策，为滑雪设施与装备制造行业营造良好的发展环境。按照集团化和产业化的方向，整合小、弱、散的企业，实行联合开发、多元投入和开放投入的原则，培育具有自主创新能力和生产潜力的龙头企业。战略联盟的作用，一是通过扩大创新力强的骨干企业集团规模，提高产业集中度，提升我国滑雪制造企业的综合实力；二是促进国内重点滑雪设施装备制造企业的战略联盟与合作，各个企业优势互补，强强联手，共同攻克科技难题，全方位提高自主创新能力，提升滑雪设施与装备制造产业集群化和专业化协作水平。

拓展阅读

河北崇礼：续写冬奥精彩篇章

来源：《民生周刊》，2023 - 07 - 17

取名"崇尚礼仪"之意的河北省张家口市崇礼区，藏于阴山山脉和燕山余脉间，掩映在崇山峻岭中。

2015年，北京携手张家口获得2022年冬奥会举办权。至此，这座养在"深闺"的小城，一下子活跃在世界的舞台。

2017年1月23日，习近平总书记来到崇礼，考察2022年北京冬奥会筹办工作。在筹办北京冬奥会的关键时期，总书记为崇礼的发展理性定位、把正方向。

在崇礼，每4个人中就有1个人从事冰雪产业；从"全城一条路，没有红绿灯"变身充满现代气息的"冬奥之城"；从交通闭塞到坐拥两个高铁站，高速纵横，进入北京一小时交通圈。

2022—2023雪季，崇礼共接待游客222.68万人次，旅游综合收入26.22亿元人民币，实现北京冬奥会后首个雪季"开门红"（如图1-7）。

图1-7　春节期间的崇礼太舞滑雪场人声鼎沸

夏至，当40℃高温席卷华北地区时，有一座小城却拥有20℃的夏天，微风不燥，草木繁盛。

崇礼区，地处河北省西北部，隶属河北省张家口市，从北京坐高铁到崇礼太子城站，车程仅需一小时。

2022北京冬奥会，自由式滑雪、冬季两项、跳台滑雪、越野滑雪等多个雪上项目在崇礼赛区举办。从"冰雪小镇"变身"中国雪都"，崇礼走进大众视野。

回忆起6年前巧遇习近平总书记，36岁的刘晓敏难掩兴奋之情："2017年1月23日，这个日子我记得特别清楚，当时我们放寒假，带女儿去云顶滑雪场玩儿，孩子才3岁多，老远就喊'习爷爷！习爷爷！'总书记笑着大步走过来，抱了抱孩子，和我们这些滑雪爱好者亲切聊天。"

刘晓敏还记得，总书记说："人生幸福快乐，强身健体十分重要。"她原本只是带女儿体验一下滑雪，如今女儿已经深深爱上这项运动，从初级道一路滑到高级道，斩获各种证书，"不仅是我女儿喜欢滑雪，她身边很多小朋友都被大氛围感染，常常约着一起滑雪"。

习近平总书记在崇礼考察时指出，中国是一个13亿多人口的大国，体育是重要的社会事业，也是前景十分广阔的朝阳产业。我们申办北京冬奥会，一个重要目的就是推动我国冰雪运动快速进步，推动全民健身广泛开展。

冬天的崇礼，群峰苍茫，银装素裹，冰雪运动爱好者在这里释放热爱；夏天的崇礼，草木青葱，清新凉爽，摇身一变成了避暑胜地，越野、露营等运动如火如荼。

习近平总书记在崇礼明确强调，"崇礼就是崇礼，赛区建设一定要找准定位"。

6年过去了，崇礼是如何落实习近平总书记重要指示精神的？突破季节局限，将体育设备和场馆利用从"一季"走向"四季"，崇礼做了哪些探索？冬奥精彩篇章，这里如何续写？

播种

刘晓敏是张家口市崇礼区西湾子小学教师，她与冰雪运动结缘，要从2012年说起。

这一年，刘晓敏读初中时的体育老师恰巧到西湾子小学支教，说起他带的滑雪队正在崇礼训练，缺文化课老师，想让刘晓敏帮忙。"后来我就每天晚上抽空去给孩子们上两个小时的文化课，这忙一帮就是4年多。"

刘晓敏回忆，课间休息时和滑雪队的孩子们聊天，不知不觉就走进了他们的生活，"他们会和我分享滑雪运动，讲每天的训练感受，我听着觉得滑雪很酷炫，还能强身健体"。

刘晓敏的大女儿魏羽萱于2013年12月出生，"女儿3岁的时候，我就领她去尝试滑雪了。"一开始，魏羽萱学的是单板，后来在专业教练指导下转为双板。说起女儿，刘晓敏脸上满是自豪，羽萱不光热爱体育运动，文化成绩也很好，还是班里的中队长。

在刘晓敏家的电视墙上，一张照片格外显眼。照片上，穿着紫色滑雪服的小羽萱被妈妈抱在怀里，总书记亲切地拍着小羽萱的肩膀，笑意洋溢在每个人脸上，画面里尽是浓浓的温馨。

"当年在云顶滑雪公园，还是羽萱先认出了总书记，大方地叫'习爷爷'。总书记听到后，笑着大步走过来，抱了抱羽萱，和我们这群冰雪爱好者聊了会儿天。我和爱人一直有看《新闻联播》的习惯，所以羽萱那会儿就已经认识总书记了。"

在刘晓敏的记忆里，北京冬奥会之前，"滑雪是项奢侈的运动，在以前的认知里，普通老百姓玩不起"。

转变在2015年。这年7月，北京携手张家口获得2022年冬奥会举办权。

"家门口就能滑雪，这已经变成我们触手可及的娱乐活动。不需要多少花费，门票100多元，就可以玩得很尽兴。如果不是走专业路线，各种装备可以通过租赁来满足，总体开销并不大。"刘晓敏算了笔账，即便羽萱现在开始系统学习滑雪，买下专业的头盔、雪服、雪鞋等，一套滑雪装备不超过2 000元。

在北京冬奥会东风吹拂下，冰雪运动的种子已经在整个崇礼播下。"我们学校现在也有滑雪队，去年启用了一栋新综合楼，里面还有模拟器，打破季节限制，孩子们夏天也可以训练。"刘晓敏注意到，女儿的小伙伴，几乎人人都参与到了冰雪运动中。不仅如此，自己的收入近年来也增长不少，崇礼各大滑雪场岗位资源丰富，"只要你勤劳，就可以找到适合自己的岗位。"

在申办冬奥会过程中，中国正式向国际社会作出"带动三亿人参与冰雪运动"的庄严承诺，这也是根据我国经济水平和全民健身需求作出的群众性运动的战略部署。如今，这一愿景早已照进现实。

大众冰雪运动的画卷，正在大江南北徐徐展开。无论南方北方，各地极具创意的"冰雪嘉年华"活动层出不穷，越来越多的人在闲暇时选择走进冰场雪场，体验冰雪运动魅力。根据国家统计局统计结果，2015年北京成功申办冬奥会以来，全国居民参与过冰雪运动的人数为 3.46 亿人，冰雪运动参与率为 24.56%。

在北京冬奥会、冬残奥会总结表彰大会上，习近平总书记指出，我们坚持冬奥成果人民共享，通过推广普及冰雪运动带动全民健身走向纵深，通过产业发展助力脱贫攻坚，通过提升公共服务水平改善人民生活品质，让人民身心更健康、就业更充分、生活更美好，实现共同参与、共同尽力、共同享有。

冬奥遗产惠及千家万户，崇礼也做出了探索。

依托丰富的冰雪资源，崇礼目前已拥有 8 家滑雪场。2022 年 11 月，崇礼迎来冬奥会后第一个雪季，各大滑雪场相继开板。举办冬奥会的各大场馆，也陆续向普通群众开放，冰雪热情持续高涨。云顶滑雪公园降低了平行大回转、障碍追逐等 4 条赛道的难度，大家都能体验一把奥运健儿的专业赛道；国家跳台滑雪中心"雪如意"春节期间免费向群众开放，酷炫的灯光秀引人入胜。

数据显示，2023 年 1 月 21 日至 27 日，15.69 万人次在崇礼滑雪过年。此外，2022—2023 雪季（2022 年 11 月 14 日至 2023 年 5 月 3 日），崇礼共接待游客 222.68 万人次，旅游综合收入 26.22 亿元人民币，实现北京冬奥会后首个雪季"开门红"(如图1-8)。

图1-8 冬日，滑雪爱好者在崇礼万龙滑雪场乘坐缆车前往山顶

四季

20枚冬奥会金牌，8枚冬残奥会金牌，2022年的云顶滑雪公园，迎来它的高光时刻。

谷爱凌吃韭菜盒子的故事，正是在这里为人熟知；小将苏翊鸣向世界展示中国单板风采，在这里一鸣惊人；徐梦桃、齐广璞等老将，在这里定格圆梦瞬间。

云顶滑雪公园，是北京冬奥会7个雪上竞赛场馆中唯一一个依托现有滑雪场建设的场馆。6条项目赛道承担空中技巧、雪上技巧、U型场地、坡面障碍技巧、单板平行大回转、障碍追逐等20个小项的比赛。

习近平总书记强调："北京冬奥会、冬残奥会既有场馆设施等物质遗产，也有文化和人才遗产，这些都是宝贵财富，要充分运用好，让其成为推动发展的新动能，实现冬奥遗产利用效益最大化。"必须深刻认识到，举办北京冬奥会、冬残奥会不是一锤子买卖，不能办过之后就成了"寂静的山林"。

2022年冬奥会之后，云顶滑雪公园作为奥运遗产永久保留。依托冬奥会设备设施，这里依然可以作为多支国家队的训练场所。值得一提的是，部分专业赛道改造后，普通滑雪玩家也能练习、挑战。如今的云顶滑雪公园，既具备大众滑雪和旅游度假的功能，又利用保留下来的赛道拥有继续举办世界级赛事的能力，正逐渐成为大众冰雪运动推广和国际赛事基地。

当冬天过去，冰雪融化，夏天的滑雪场仍旧生机勃勃。

云顶的夏日，由于海拔高，清凉触手可及，各项越野活动目不暇接。6 条成熟的徒步路线，沿途是满山青翠欲滴的绿；雪道变身山地车道，在跌宕起伏的山间穿梭；开一圈 UTV 越野车，驰骋山海。

热闹的夏日，并不是云顶的专属。

放眼崇礼各大滑雪场，各项体育活动都在热火朝天开展。1997 年出生的小伙儿任鑫，是崇礼区太舞滑雪场单板滑雪教练队队长，他觉得自己的人生因冬奥而改变。

6 月末的下午，初次见到记者，任鑫不好意思握手，他摊开掌心，满是泥泞。"一直在忙，手还没来得及洗。"雪季结束，任鑫的工作依旧繁忙。

作为土生土长的崇礼人，任鑫还记得，小时候崇礼一下大雪就哪儿也去不成，降雪早、积雪厚、存雪期长。"小时候没啥玩的，就是在山上跑，这里的生态非常好，能看到小松鼠之类的小动物，还有各种好吃的野菜。"

2015 年申奥成功后，各个雪场大规模招人，任鑫就和朋友一起报了名。8 年过去，其间任鑫不断钻研自己的专业，考取各项证书，越来越热爱自己的职业，幸福感满满。"我教过的学员，最大的有从北京来的 65 岁大爷，最小的是刚满 3 岁的小朋友。身边九成同学，毕业后都回到崇礼就业。我现在工资不错，年收入超过 10 万元。"

在任鑫眼中，户外运动刺激又有激情。夏天，他的主要工作是指导学员徒步、山地车等项目。"很多人以为雪场只有冬天开门，其实夏天也有很多好玩的项目，比如山地自行车速降，我觉得比滑雪还刺激。"

崇礼区海拔高度为 813~2 174 米,最高落差为 1 361 米,形成了"山连山,连绵不断;沟套沟,难以计数"的地貌特征。滑雪场的地形具有天然优势,在非雪季适合开展徒步、登山、山地自行车、越野车试驾等户外运动。崇礼 50 公里国际山地越野赛、崇礼 168 国际超级越野赛等大型赛事,已经连续举办多届。

从昔日的"一季游",到春赏花、夏避暑、秋观景、冬滑雪的"四季旺","雪国崇礼"正在摸索一条属于自己的独特发展道路,将"户外天堂"的名片越擦越亮。

雪饭碗

习近平总书记指出,冬奥筹办举办推动了我国冰雪运动跨越式发展,"三亿人参与冰雪运动"成为现实,冰天雪地成为群众致富、乡村振兴的"金山银山"。

在崇礼,"冷"资源真正变成了"热"经济。北京冬奥会结束了,但冬奥带来的红利仍在继续。据统计,目前,崇礼每 4 个人中就有 1 个人从事和冰雪相关的工作,超过 3 万人直接或间接进入冰雪产业和旅游行业,端上了"雪饭碗"。近年来,崇礼不断打造"冰雪服务"劳务品牌,人均年增收 3.6 万元以上。

王艳军、史敏芳夫妇二人,2016 年 4 月到崇礼区富龙滑雪场工作。"刚来崇礼的时候就两条街,现在光是高铁站就有两座,分别是崇礼站和太子城站。这些年,崇礼变化太大了,我们的收入也一直在增长。"

伴随崇礼冰雪旅游产业的优化和提升,冰雪旅游带来的经济效益日益显现。据崇礼区旅游部门统计,2023 年元旦假期 3 天崇礼共接待游客 5.98 万人次;2023 年春节假期,崇礼各雪场共接待游客 38.3 万人次。

王艳军的工作是维护索道设备安全,定期检查所有基站、车库、索道支架、轿厢等,确保运行正常。史敏芳是索道司机,每天的工作时间从早上 8

点到晚上6点，"每天都能看到年轻人玩各式花样的户外活动，他们玩着有激情，我们工作也有热情"。

史敏芳说话时有些腼腆，但对工作的高度认同感却在交谈间流露，"蓝天白云，空气清新，这里的环境特别好。现在这个季节，来我们雪场露营的年轻人很多，吃着烧烤，喝着啤酒，唱着歌，很惬意"。

得天独厚的地理条件，加上丰富的天然雪资源，早在1997年，崇礼就拥有了第一家滑雪场，但一直处于萌芽状态，发展缓慢。直到2015年，北京携手张家口获得2022年冬奥会和冬残奥会举办权，崇礼的冰雪产业发展步入"快车道"。

优质人力、资本、技术加速聚集，相关产业在这里加速布局。在崇礼，以各大滑雪场为核心，各类冰雪小镇应运而生，并且打破季节限制，不再单纯依靠滑雪营收，开启全季运营模式。如今的冰雪小镇不只是运动场所，更包含了观光度假、文化体验、运动装备生产等多重业态。

由国家体育总局会同国家发展改革委、工业和信息化部、文化和旅游部，组织有关高等院校、研究机构及业界代表共同编写的《中国冰雪经济发展报告（2022）》指出，推动冰雪经济高质量发展，是实现中国式现代化的有效途径，是构建新发展格局的现实选择，是开创体育强国建设新局面的必然要求。

围绕冬季滑雪、夏季山地运动两大主题，崇礼不断推进场馆适应性改造，充分发挥体育本体功能、拓展功能和辐射功能，逐步培育壮大赛事经济、冰雪经济、会展经济、研学经济等新业态，将冬奥核心区打造成集体育、文化、旅游于一体的世界级目的地。

赛事经济，如持续承接国内外重大冰雪赛事；冰雪经济，如新建140万平方米大众高山滑雪场，拟在2023年12月一期开业；会展经济，如利用全民健身中心实现"一馆两用"，积极引进拓展大型会议会展项目；研学经济，如利用冬奥村现有资源打造国家级研学营地。目前，崇礼坚持体育牵引、文化赋能、旅游带动，推动冬奥场馆实现平赛结合、综合利用。

张家口市冰雪装备产业已实现集群规模发展，2023 年 2 月的数据显示，张家口全市累计签约冰雪产业项目 120 项，总投资 688.61 亿元，年产值 17.78 亿元（如图 1-9）。

图 1-9　6 月崇礼，微风不燥，草木繁盛

扎根

体育强则中国强，国运兴则体育兴。建设体育强国，是全面建设社会主义现代化国家的一个重要目标。

2012 年，"广泛开展全民健身运动"写入党的十八大报告。2014 年，全民健身正式上升为国家战略。此后，全民健身分量越来越重，一系列政策举措相继出台，充分体现了以人民为中心的发展思想。

党的十八大以来，以习近平同志为核心的党中央坚持以人民为中心，把人民健康放在优先发展的战略地位，推动全民健身和全民健康深度融合。习近平总书记强调："全民健身是全体人民增强体魄、健康生活的基础和保障，人民身体健康是全面建成小康社会的重要内涵，是每一个人成长和实现幸福生活的重要基础。"

党的二十大报告提出"广泛开展全民健身活动，加强青少年体育工作，促进群众体育和竞技体育全面发展，加快建设体育强国"，为后冬奥时期冰雪运动和冰雪经济发展提供了根本遵循。

崇礼区为深入贯彻健康中国和全民健身国家战略，推动全民健身高质量发展，出台《张家口市崇礼区全民健身实施计划（2021—2025 年)》，明确到 2025 年，全民健身公共服务体系更加完善，人民群众体育健身更加便利，健身热情进一步提高，各运动项目参与人数持续提升。

2023 年 2 月，崇礼区体育局就"崇礼区全民健身情况"进行调查。数据显示，崇礼区经常参加体育锻炼的人口比例达到 43.56%，健身活动参与程度处于全国前列。其中，城镇比例为 43.7%，农村比例为 40.9%。居民对体育锻炼认知方面，有 94.1% 的调查对象认为"体育锻炼非常有用"。赞同"体育锻炼可以强身健体"的比例为 97.0%，"调整情绪"的比例为 78.2%，"帮助社交"的比例为 67.3%。

2022—2023 雪季，崇礼区共举办、承办各级各类冰雪赛事和冰雪活动 89 项。今年夏天，崇礼区各类体育赛事依旧精彩纷呈。

每年 7 月，崇礼 168 超级越野赛都会准时拉开帷幕，这项赛事自 2017 年开始，经过 6 年的发展，充分利用冬奥之城崇礼丰富的自然资源和基础设施，开拓了崇礼众多商业设施除冬季运动外的夏季运营思路，已成为当地最具特色的夏季大型活动，为拉动当地经济和夏季旅游业发展提供了机会。

以 2022 年崇礼 168 超级越野赛为例，这是后冬奥时代首个在崇礼举办的大规模赛事，7 789 人报名，实际参赛 7 119 人。路线贯穿太舞、富龙、云顶、万龙、多乐美地、银河、长城岭，以及翠云山、古杨树冬奥场馆群等多家滑雪场及景区，几乎覆盖了 2022 年冬奥会雪上项目的主赛场。

与赛事相关的游客、家属、工作人员等超过 5 万人，为崇礼夏季的旅游业、餐饮业带来了巨大影响，推动了崇礼经济发展，提升了崇礼人民对于全民健身的热情。

崇礼的故事，从冬天开始，在夏天延续。盛夏傍晚，走在崇礼街头，空气中弥漫着舒适的凉爽，和街上的人聊天，他们总是忍不住夸崇礼："空气好，景色好，基础设施好，工作好。"

2022 冬奥会虽已结束，但冬奥注入的强大力量，历久弥新，助力这座小城续写精彩新篇章。

"冰雪经济"持续升温

来源：《人民日报》，2023 - 09 - 20

2023 年 9 月 15 日，2023 国际冬季运动（北京）博览会在北京石景山首钢园举行。本届冬博会以"携手后冬奥，共赴新未来"为主题，共设置八大展区，一场开幕式暨主论坛，四场平行论坛以及产业对接、国际冬季运动领先品牌评选、欢乐冰雪周等丰富多元的配套活动。

北京冬奥会之后，中国冰雪运动的发展持续拉动中国乃至全球冰雪产业的发展，冰雪经济正成为体育产业增值的引擎之一。作为中国冰雪产业发展的重要平台，今年的冬博会继续传递着"冰雪经济"的热度。

描绘产业方向

本届冬博会吸引了全球 500 余家企业品牌参展，100 余位嘉宾共同研讨分析全球冰雪产业发展趋势，展示全球领先的冰雪运动产品和技术。

在冬博会开幕式暨主论坛现场，国际奥委会主席巴赫表示，冬博会将冬季运动相关领域的代表汇聚一堂，为各界代表提供了碰撞顶层思维的平台，是描绘中国和世界冬季运动未来发展方向的绝佳机会。

后冬奥时期中国冰雪产业发展的新动向，是本届冬博会的热点话题之一。北京市体育局副局长葛军在主论坛上介绍，在北京冬奥会之后，北京市冰雪产业继续蓬勃发展，累计开展线上线下赛事活动 9 000 余项次，参与人次有 1 000 多万，冰雪产业的冷资源正在转化为热经济。

国际雪车联合会主席伊沃·费里亚尼表示，在后冬奥时代，进一步推动冰雪运动的可持续发展需要培育大众冰雪项目，培训下一代的冰雪运动员。同时，应加大对冰雪运动基建设施的投入，关注可再生能源的使用等环境责任问题。

亚洲数据集团常务副总裁张莉在冬博会期间发布了《中国冰雪产业发展研究报告（2023）》。报告显示，中国冰雪产业发展速度进入了更加稳定、更可持续的阶段。到2025年，中国体育产业总规模预计达到5万亿元，中国冰雪产业总规模有望达到1万亿元。

奥地利前总理许赛尔在参观冬博会展馆时表示，自己在冬博会上感受到了中国冰雪产业蓬勃发展的势头。"每个国家和地区都有独特冰雪产业资源和冰雪运动文化，应当加强国际交流与合作，共同推动冰雪运动产业的繁荣发展。"他说。

推动融合发展

北京冬奥会以来，中国冰雪产业稳步发展，全民冰雪热情持续高涨。很多省区市出台了促进冰雪运动和冰雪产业方面的专项政策。冰雪市场主体不断涌现，成为直接推动冰雪产业发展的重要力量。

中国雪橇协会主席、北京冬奥会可持续发展委员会副主任赵英刚介绍，从推动冰雪产业绿色发展的角度来看，中国通过冰雪运动竞赛和冰雪旅游促进经济转型，为"绿色冰雪"搭建了产业交流和高技术合作平台。

花样滑冰世界冠军佟健表示，冰雪产业的可持续和绿色发展要坚持以人为本，一方面探索非竞技人才和冰雪爱好者长时间参与的可能性，另一方面探索竞技类人才离开赛场后的职业化转型，发挥冰雪体育力量的文化赋能作用。

随着冰雪运动的普及，冰雪产业多元业态融合发展的特征越来越清晰，也由此吸引了更多年轻人的参与和关注。

人民网人民体育事业部总监、人民冰雪主任彭元元表示，中国冰雪运动的发展同年轻人的社交需求广泛融合，冰雪运动正在成为人民群众亲身参与的、充满吸引力的社交活动。

时代文旅董事长熊晓杰说，冰雪所带来的体验、感受，形成了一种新的生活方式，构成文旅消费的新场景，将成为文旅产业发展的重要抓手。

搭建互惠桥梁

本届冬博会共设置了冬季及高山技术展区、国家组团展区、冰雪个人装备展区、体育科技展区等八大展区，来自奥地利、意大利、加拿大、芬兰等20多个国家的450余家企业品牌带来了先进的技术、产品和服务，展现了全球冰雪产业的发展态势。

意大利天冰集团展出了大型冰雪赛事冰雪设备专用机型，在展会现场营造出真实的飘雪场景。"我们正在实现雪场的全自动化教学管理，帮助雪场高效运营。"意大利天冰集团亚洲区销售总监米高·迈尔说，中国冰雪产业发展潜力巨大，天冰集团也迎来了在中国市场快速发展的重要机遇。

众多本土冰雪品牌也在冬博会上亮相。山东森林雪、北京楚苑、威登诺和等品牌通过不断创新，产品远销欧洲、美洲、大洋洲等多个国家和地区，用努力获得了市场的认可。

融创中国执行总裁兼热雪奇迹总裁路鹏说，希望把室内滑雪场送到室外度假区，通过培训和赛事带动，推动"全民冰雪"的发展，引领美好生活的新需求。

自2016年开始举办以来，冬博会已成为国内外冰雪企业和品牌展示平台、全球冰雪产业融合发展平台、冰雪运动普及推广平台，在开放中国冬季运动市场、推动世界冬季运动发展、促进国际冰雪产业交流、带动本土冰雪企业快速成长等方面发挥了积极作用，切实从助力冬奥、冰雪外交、以会兴产等方面取得了一系列成就，得到了各界的高度认可。

本届冬博会期间举行了全球冰雪产业联盟成立仪式。联盟涵盖冰雪赛事、冰雪科技、冰雪文化、冰雪旅游等领域，旨在为联盟成员搭建产、供、销企业间的互惠桥梁，目前已有来自中国、意大利、奥地利等国家和地区的数十家企业和机构加入。据了解，全球冰雪产业联盟计划定期举办主题沙龙、论坛活动和商务对接，建立信息共享、优势互补、互利共赢的产业共同体。

第二章

造雪机

造雪机是在 0 ℃的蒸发器上结成冰，通过冷却的空气输送到滑雪道上的不受大气温度影响的崭新造雪系统。造雪机造雪气温必须达到 0 ℃以下，保持一定的水量才可以造雪。

第一节　人工造雪的发展历史

尽管考古学证据表明人类在大约 4 000 年前首次登山滑雪，但直到 19 世纪中叶，这项运动才开始兴起。1883 年，第一次国际滑雪比赛在挪威举行，这项运动很快传遍了美洲和欧洲的其他地区。随着滑雪运动流行热度的增加，一种可以在没有自然降雪时候提供人造雪的设备应运而生。

第一台造雪机的诞生要追溯到 20 世纪四五十年代。1947 年，在美国康涅狄格州，美国人韦恩·皮尔斯和他的两位朋友艾特·亨特、戴韦·凯瑞格一起成立了一家公司——米尔·福得泰公司，从事滑雪设备制造业务。然而，两年后，由于冬季降雪量大幅度减少，滑雪市场一片低迷，也严重影响到了他们公司的营业额。为改善雪场环境，保证滑雪设备的输出，韦恩找了一个油漆喷雾压缩机、喷嘴和一些用来给花草浇水的软管，动手组装制成了一个简单的造雪机。1950 年，世界上第一台造雪机诞生。1952 年，莫霍克山滑雪场成为世界上第一个使用人造雪的滑雪场。

当时这台造雪机原理很简单，通过使用压缩空气迫使水通过喷嘴工作。喷嘴将水分解成更小的液滴，在处于寒冷条件下的空气中，形成微小水雾，落到地面上的水雾凝结形成冰晶，达到人工造雪的目的。造雪机的诞生解决了滑雪场少雪的难题。

韦恩的造雪机是如今压缩空气型造雪机的雏形，大多数滑雪场都使用它。然而，它确实有其缺点，最值得注意的是，喷嘴易于堵塞并且需要非常高的压缩空气量，这使得运行成本很高。另外，这台机器噪音很大，它产生的雪倾向于变得更加潮湿和冰冷。虽然这台机器比较粗糙且性能不太稳定，但基于它的设计理念，稳步改进后，促进了 20 世纪 50 年代压缩空气造雪机的发展。

后来又有一种新型造雪机被研发成功——风扇型造雪机，也称无压缩空气型造雪机。风扇型造雪机最开始是在 1958 年由奥尔登·汉森发明的，它使用简单的喷嘴雾化水，使之成为细小的水滴，再用大功率风扇将水滴喷出，悬浮在空气中的小水滴在低温环境中遇冷、凝固形成雪。与压缩空气型造雪机相比，其优点是不需要供应压缩空气，提供水源和电源即可操作，但是由于缺少压缩空气膨胀产生的冷却效果，所以其运作时要求环境温度要非常低。

20 世纪 70 年代初，人工造雪技术开始广泛使用。造雪机引入了多种新的创新技术，改进了生产人造雪的质量和方法，其中一个重要改进则是增加了旋转底座和风扇。风扇会将新制造的雪吹到离机器远的地方，而不是单独使用压缩空气，并且旋转底座可以改变雪的方向。这使得用单台机器可以覆盖更大的区域。另一项改进是引入了风扇式机器，这些机器是便携式的，可以在整个滑雪道中使用，它们优于压缩空气机器，因为它们的噪音更小，运行成本更低。

1975 年，威斯康星大学研究生史蒂夫·林多发现了一种成核剂。在研究保护植物免受霜冻损害的方法时，他发现了一种吸引水分子并帮助它们形成晶体的蛋白质。他很快就意识到这将是制造人造雪的有用材料。该材料随后被注册商标，现在以商品名称"生物造雪剂"出售。

直到1990 年，世界上最早的可以在零上温度造雪的设备才被开发出来，是真正不受气候影响的人工造雪机。该人工造雪机的原理是先把水在 − 25 ℃的蒸发器上结成冰，再通过冷却的空气输送到滑雪道。新概念的人工造雪系统给滑雪场行业带来了一场新产业革命。同时，应用该原理生产的人造雪比较干燥，可以长期保持。但也存在缺点，即人造雪颗粒较大，与自然雪难以融合，初级滑雪者容易滑倒，直接影响了雪场赛道的雪质和等级。到了1998年，日本成功开发出次时代型人工造雪机。该造雪机能够造出 0.3 ~ 10 mm 大小不等的雪粒，其中 0.3 mm 人造雪的特性非常接近自然雪，利用此类人造雪铺成的雪道非常接近自然雪道。

进入 21 世纪，随着造雪机复杂性的增加，造雪机造雪已经取得了更高的效率。传统造雪过程中，人造雪的质量取决于设备操作人员的技能。近年来，随着计算机的发展，电脑实现了这一工艺的高精度控制，传感器可以自动检测积雪要求，还增加了更高功率的风扇使得雪枪能够在最佳造雪工况下运行。后来，以色列 IDE 开发出全天候造雪机。今天，几乎所有的滑雪场都采用某种人工造雪系统来改善滑雪条件并增加滑雪季节的长度。不论是室内还是室外，零上还是零下，人工造雪均可以实现。

尽管技术一再进步，目前造雪机仍存在缺点，有待未来继续改进。比如，机器产生的噪音便是一个不小的问题。虽然最新的机器在噪音方面已经较早期产品取得了长足的进步，但随着用户需求的提高，未来的机器会更加追求安静的特点。现代造雪机的另一个缺点是它们的可运行温度范围很小，且效率不高。未来的机器需要在工作环境及生产效率方面进一步优化，在更短的时间内产生更高质量的雪。

第二节　造雪机的应用原理

造雪机的原理是模拟大自然创造雪的过程。在自然界，大气层中的水蒸气在一定温度和湿度条件下充分冷凝，由气态转变成固态的小冰晶，降落后形成雪。

在一定条件下，水分子在 0 ℃以下冻结，相互连接并形成凝结核，周围的水分子继续附着在这些凝结核上并形成冰晶，这个过程被称为同质成核。当水中有杂质时，异相成核发生，异物核也可作为水分子的凝结核。非均质成核提高了冰晶凝结的温度，这就是为什么冰可以在高于 32 ℉或 0 ℃的条件下形成的原因。水分子固化成冰晶的温度被称为成核温度。有时为了实现造雪机在 0 ℃以上造雪，会使用促进异相成核的添加剂。

一、人工造雪方法

最简单的人工造雪方法是向气温低于冰点的空气中喷雾状小水滴。水经过三个步骤变成雪：雾化—晶核形成—散布。

雾化：水转化成冰的第一步是把水流雾化成小水滴，这样当水喷入气温低于冰点的空气中时会更容易也更快地发生结晶。

晶核形成：晶核形成是发生小冰晶的活动，它是水滴转化成雪的开始。水的温度也是影响造雪的一个重要因素，温度越低造雪质量越好，产量也越大。

散布：第三个重要步骤是散布这些环绕着晶核的水，使它在落地之前成雪。总的来说，在结冰的过程中周围参与的空气越多，就会有越多的水滴结冰。

二、造雪过程

人工造雪对环境的依赖性很强，温度和相对湿度是其中最重要的两个物理指标。造雪过程中，造雪工人要根据这两个参数来调节造雪机相关参数。造雪的起始温度随着湿度的降低而升高。由于考虑到空气温度和相对湿度，因而湿球温度也被用作度量标准。

温度：指的是干球温度，即干球温度计显示的气温数值（℃或℉）。

相对湿度：空气中水蒸气所占的份额，取决于温度和大气压力。简单来讲，相对湿度越低，就会有越多的水蒸发到环境空气中以达到饱和湿度。

目前，造雪机是采用传统的高压水与空气混合造雪。其工作流程是：来自高压水泵的高压水与来自空气压缩机的高压空气在双进口喷嘴处混合，利用自然蒸发和空气出喷嘴后的体积膨胀带走热量而使小液滴凝结成冰晶。这种造雪机理的一大弊端是雾滴越小，其蒸发量越大，水的损耗越多，造雪效率越低。除此之外，造雪机只能在零下温度范围工作，对低温环境要求严苛，造雪效率较低。

三、造雪机工作原理

雪是固态的水，雪的形成过程包括晶核的形成、晶核聚合成长和雪花自然沉降三个阶段。晶核的形成是造雪的基本条件，晶核的生长与环境参数密切相关。晶核的形成形式有：微小的水滴在空气中被冷却形成晶核；空气中存在灰尘等气溶胶颗粒，可以直接形成晶核。但是对人工造雪来说，利用微小的水滴形成晶核是最适用的。晶核形成后，通过吸收空气中的水蒸气继续生长，不同形状的雪晶在气流对流、乱流运行中聚集、碰撞、黏附成有分支结构的雪花，当雪花重力大于空气浮力后将出现降雪现象。

环境条件和水滴粒径对造雪机的成雪有很大的影响。水滴粒径直接影响水滴的凝结换热，水滴粒径小、换热面积大，能够快速凝结成雪。研究人员通过试验研究了不同温湿度条件下能够实现造雪的水滴粒径上限，指出将喷嘴喷出的雾滴粒径控制在临界粒径以下是关键技术。环境条件影响水滴在空气中的凝结，在风速 2 m/s、粒径 100 μm、初始水温为 4 ℃ 条件下的可造雪范围（如图 2-1）可以看出，当 $-QL + QS < 0$ 时是可造雪区，即温湿度越低越容易成雪，温湿度越低水蒸气分压力越低，水滴蒸发冷却作用越强，水滴越容易冷凝成雪花。

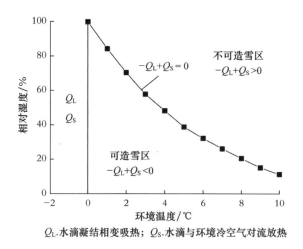

Q_L-水滴凝结相变吸热；Q_S-水滴与环境冷空气对流放热

图 2-1 环境条件对造雪的影响

造雪机是在形成晶核后让晶核生长成雪花。造雪技术手段主要有以下四种：

第一种：压缩空气型造雪。压缩空气与水混合后高压喷出，空气与水的混合物在喷嘴出口膨胀过冷，细小的水滴直接形成晶核，较大一点的水滴也会被过冷，在飞行过程中被晶核聚合形成雪花。根据压缩空气与水的混合方式，压缩空气型造雪又分为外混式和内混式。

第二种：风扇型造雪。风扇型造雪是将高压水经过喷嘴雾化后喷出，雾化后的小水滴在低温环境中凝结成晶核，晶核通过吸附周围的水滴不断成长。

该方法所需的环境温度较低，需要利用风扇将水雾吹到高空中，让晶核有足够的时间生长成雪。

第三种：压缩空气–风扇型造雪。这是目前市场上最普遍应用的造雪机工作方式，具体方式是：压缩空气与水在核子器内混合喷出，由于压缩空气具有较强的膨胀制冷作用，通过核子器喷出的水滴立刻被凝结成晶核。同时，高压冷水通过喷嘴雾化喷出，大功率风机将晶核和水滴一起吹出，晶核和水滴在空气中碰撞聚合并不断生长成雪花。该方法结合了压缩空气型造雪和风扇型造雪的优点，造雪效率和质量都较高。

第四种：碎冰造雪。通过机械手段把冰块切成细小的冰粒，然后通过风机吹出落地成雪。该方法对环境温度依赖较少，可实现0 ℃造雪。

前三种方案都是通过水滴凝结成晶核，晶核不断生长成雪花，形成的雪花都是球形的，且含水率较高。最后一种方案是利用细小的冰粒作为晶核，吸附空气中的水蒸气生长成雪花，形成的雪花是棱角分明的，含水量较低。

四、造雪机分类

造雪机按照工作原理可分为三类：内部混合系统，外部混合系统，空气/水/风扇系统。在选择造雪系统时要考虑天气条件（风速、风力、方向、空气温度和湿度等）以及压缩空气和电力的供应能力等因素。

（一）内部混合型造雪机

内部混合系统是在造雪机内部混合压缩空气和水。当这种混合物离开喷嘴时，压缩空气膨胀，从周围环境中吸收热量并过冷（冷却到32 ℉以下），微小的水滴凝结成冰晶，成为凝结核，进而形成较大的冰晶，形成雪花。

（二）外部混合型造雪机

外部混合系统是另一种类型的压缩空气、水混合系统。这个系统从离散孔口喷射压缩空气和水，在大马力轴流式风机的作用下，空气和水在雪枪外混合，形成雪晶。

压缩空气在水孔处膨胀并过冷一些小液滴，小液滴凝结，形成成核剂，核子吸收周围的水滴，形成雪花。外部喷雾混合系统的成核速度比内部混合系统低。因此，使用外部混合系统的雪枪必须安装在塔上，从而使水滴在到达地面之前有足够的时间成核并形成雪花。因此，外部混合型不像内部混合型那样容易移动。另外，它受风力影响较大，要求外部环境温度较低。

内部混合型造雪机和外部混合型造雪机都是利用压缩空气和水进行混合来形成冰晶，压缩空气在这两种系统中起到的主要作用是：（1）雾化作用，压缩空气的气流将水流雾化成小水滴；（2）弥散作用，将水滴弥散在空气中，增大了水滴与空气的接触面积；（3）膨胀过冷，通过压缩空气的膨胀作用使水滴过冷凝结。

（三）空气/水/风扇型造雪机

空气/水/风扇系统使用风扇而不是压缩空气使悬浮在空气中的液滴有足够的时间过冷、冻结。风扇系统使用机械成核原理，利用大马力风机产生的高速气流将水流吹向空中，成为小液滴，液滴受冷冻结，形成雪花。有时候可以利用小型车载型风机连接一个微型的内部混合雪枪，在雪枪外成核剂与水混合，实现造雪，这是风扇系统的一种变形。

风扇型造雪机不需要空气压缩机，只需要提供水源和电源驱动的风机，因此设备要求简单，能耗较低，但是对低温环境的要求相较于前面两种系统更为严苛。

内部和外部混合系统的雪枪不需要使用电源，而是利用远程的压缩机和水泵。而风扇系统在造雪位置需要提供电力来驱动风扇和成核压缩机。内部混合系统和风扇系统的造雪温度范围比较大，而且容易控制造雪形成的位置。外部混合系统的能源效率更高，但是造雪温度范围受限，外部混合系统的另一个缺点是积雪的分布受风向的影响。相比较内部混合系统，外部混合系统可能需要多达30%的额外时间来修饰人造雪道的表面。外部混合系统往往更适合较窄的雪道（见表2－1）。

表2－1　三种典型造雪机优缺点比较

造雪机类型	优点	缺点
内部混合系统	质量轻，可移动；高湿球温度下可以造雪；不受风力的影响，不用安装塔架，雪质调节性能强	需要空气压缩机，运行噪音较大
外部混合系统	能源效率高，可用低功率空气压缩机甚至不用空气压缩机；运行噪音小，操作简单	对低温环境要求严格；调节性能差；设备需要固定安装，机动性差；受风力影响较大
风扇系统	无须空气压缩机，设备简单，能源效率高	需要安装塔架，不能移动

一种比较特殊的造雪方式是通过制冰装置生产出冰片，然后以冰片为原料造雪。其工作流程是水经过制冷装置蒸发器冷凝成冰片，再通过粉碎装置把已经造好的片冰粉碎成粉末，最后通过风机把粉末状的冰晶吹向空中。制造好的冰片可以储存于带有制冷系统的容器内，在需要使用雪花时，通过碎冰装置将片冰粉碎成粉末，再通过空气输送系统——高压的密闭风机，将粉末状的冰晶吹到指定的区域。该方式造雪系统复杂，造出"雪"的品质与自然雪相差甚远，这种造雪原理常用于景观造雪，比如聚会、电影电视剧拍摄等场地飘雪场景的制作。

自然雪与人造雪在形态上存在不同，自然雪雪花晶体呈片状的六角形，人造雪由于结晶时间短而呈不规则小颗粒状。人造雪的这种形态使其黏性增加，聚集成雪块后，可塑性好，在制作雪雕方面更有优势。自然雪的晶体结构一旦失去就会变成球形，形成冰晶，由于过程不可逆很难塑形，因而造成滑雪场品质的下降。而人造雪优势在于在较长时间内可以保证雪的质量不变，并且比自然雪更适合于抵抗升华及来自光源热量的影响。将人造雪铺盖于自然雪的表面可以重新激发自然雪的晶体结构，从而使雪恢复生命力。

在自然降雪丰富的滑雪场，造雪机主要用于天然雪的补充，这使滑雪场能够提高积雪的持续时间，因而能将滑雪季节从深秋延长到早春。而室内滑雪场必须使用造雪机，它有一个容易控制气候的环境，可以实现全年造雪，不受季节的影响。

五、造雪机的改进措施

结合造雪机的相关专利，对造雪机的一些优化方案进行归纳总结，改进措施主要包括添加活性剂、喷嘴/核子器优化、预冷装置调控、智能控制等。

（一）添加活性剂

在冷水中加入活性剂能够改变水的性能，降低水表面张力，减少水的黏度等特性，能够使水高效雾化，降低压降，从而提高造雪机的性能。在造雪机供水系统中加入表面活性剂聚醚硅氧烷，该活性剂能够降低水的表面张力，促进水形成小液滴，提高造雪过程中的成核效率，并在冰晶的基质中产生微小气泡，以产生蜂窝状效果，可以增大晶核的表面积，从而促进晶核的吸附能力。

（二）喷嘴/核子器优化

喷嘴和核子器是造雪机的核心部件，两种部件的性能直接影响造雪机的造雪效率。针对喷嘴和核子器的结构，分别从结构和雾化水滴调控两方面提出改进措施。

设计一种热自动调节喷嘴（如图2-2），由于环境温度的不同，所需雾化水滴的大小也不同：在环境温度较高的条件下，雾化水滴过大会导致水滴不能过冷凝结，不能成雪；在环境温度较低的条件下，较大的雾化水滴也能够凝结成雪。该方法采用两种热膨胀系数的材料构成喷嘴：外壳由热膨胀系数较大的材料制成，内壳由热膨胀系数较小的材料制成，内壳和外壳之间有一层绝热材料。连接杆前端与阀门连接，后端与螺母连接，另外，该喷嘴上设置了核子器，为成雪提供晶核。在环境温度较低的情况下，外壳收缩，内壳基本没有热形变，连接杆向右移动，阀门与喷嘴之间的缝隙增大，此时喷嘴雾化的水滴较大，且供水量较大；在环境温度较高的条件下，阀门与喷嘴之间的缝隙变小，雾化水滴直径更小，能够成雪。喷嘴出口的大小取决于外壳的膨胀/收缩，以适应在不同温度范围内高效造雪。

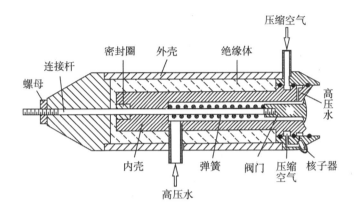

图 2 - 2　可自动调节核子器

收敛 - 发散型喷嘴（如图 2 - 3），在节流元件前半部分，压缩空气与高压水混合，喷嘴截面积逐渐减小，高压水进行一次雾化，在经过节流元件和喷嘴的喉部后，流通截面积逐渐增大，高压水经过二次雾化，最终雾化的水滴更细小和均匀。另外，可以改变节流元件与喷嘴的相对位置，改变喉部的流通面积，根据工况调整雾化水滴的大小。

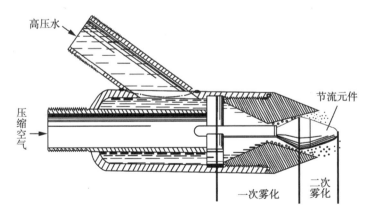

图 2 - 3　收敛 - 发散型喷嘴

改进喷嘴和核子器在不同喷嘴环上的布置方法（如图2-4），如喷嘴的数量多于核子器的数量，隔几个喷嘴布置1个核子器，使从喷嘴和核子器出来的水和冰晶能够均匀接触，造雪机的造雪率能够提高20%～30%，这种布置方法目前应用较广泛。

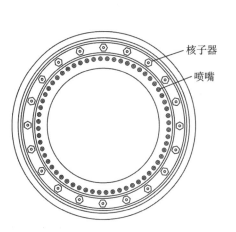

图2-4　喷嘴/核子器布置形式　　　　**图2-5　纵缝型喷嘴**

设计能够产生纵缝空心锥形喷雾的喷嘴（如图2-5），对于不能产生纵缝的喷嘴，喷出的水幕会使空心锥形中心产生低压，低压会吸收水滴，水滴的运动轨迹会被改变，偏离的液滴可能会干扰非偏离的液滴，从而使这些液滴减速，减小喷雾的范围。通过改变喷嘴的出口结构，使喷出的水幕产生纵缝，空气通过纵缝进入空心锥形，平衡内外压差，空心锥形不易发生塌陷。试验表明，与非纵缝空心锥形喷雾的造雪机喷嘴相比，采用纵缝空心锥形喷雾的造雪机喷嘴可使喷出的水雾射程增加2～3倍。

（三）预冷装置调控

造雪机的成雪与环境的湿球温度密切相关，能够造雪的公认湿球温度阈值是-2 ℃。为了能够在更高湿球温度下造雪，较好的方法就是设置预冷装置，预冷装置能够改变造雪机的进风温度和进水温度，使晶核生长成雪。

利用预冷装置，把空气温度冷却除湿到 -30 ℃，然后送入造雪机，该方法能够在环境温度 5 ℃ 的条件下稳定造雪，并且能够节约大量能量。试验验证了在室外空气干球温度 0.7 ℃，湿球温度 -2.5 ℃，相对湿度 80% 的条件下，空气通过预冷装置处理后的绝对湿度为 0.08 g/m³，温度为 -32 ℃，流量为 4.7 m³/min，以水压 1.1 MPa，水流量 0.2 m³/min 向造雪机供水，造雪机中的雾状水全部变成雪。将该结果与通过制冷系统预冷的传统造雪机进行比较，制冷系统的耗电量为 41.5 kW·h，而预冷装置的耗电量为 11.8 kW·h。

设计一种采用高压空气驱动风扇的造雪机，结构如图 2-6，高压空气经过气流通道进入风扇叶片内部，然后从风扇叶片上的出口流出，高压空气会在出口膨胀，通过膨胀的作用力与反作用力驱动风扇的转动，节约了风机的功耗，同时高压空气经过膨胀后会节流制冷，使风扇后端的空气处于过冷区域，能够使水滴和晶核接触的空气温度降低至 2 ℃ 左右，加快水滴的过冷凝结，促进造雪机的成雪。

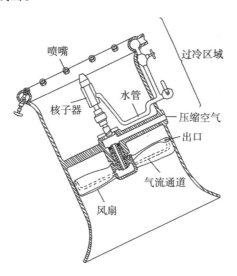

图 2-6　高压空气膨胀制冷造雪机

采用蒸气压缩式制冷系统制取冰粒的造雪机（如图 2-7），利用蒸发器低温制冰，把冰块切割成细小的冰晶，利用风机把冰晶吹出，细小的冰晶吸附喷嘴喷出的水雾生长成雪，该方法能够使风扇型造雪机在 0 ℃下稳定造雪。

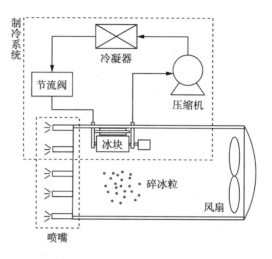

图 2 - 7　外加制冷系统碎冰造雪机

（四）智能控制

造雪机的智能控制能够提高工作效率，防止造雪量不足和造雪过多的情况发生，还可以根据天气情况控制造雪机的工作状态，在多工况下高效造雪。利用气象站的天气预报指导造雪机造雪计划的控制方法，控制逻辑如图 2 - 8。控制模块会存储之前几个月或者几年的历史天气预报数据（VSP）和以前一台或者多台造雪机的历史实际测试的天气数据（VSR1 ~ VSR3），计算历史数据的差值（D1 ~ D3），用未来的天气预报数据（VFP）加上或减去历史数据差值就是修正的天气预报数据（VFR1 ~ VFR3）。该控制方法利用修正的天气预报数据指导造雪机的造雪计划，能够对造雪计划进行有效的指导，提高造雪效率。

下面介绍一种控制造雪量的方法。首先给每台造雪机预设一个目标造雪量，然后实时监测每台造雪机的造雪速率和造雪量，根据实际造雪量和目标造雪量的差值预测造雪时间，控制造雪机的关闭。该方法能够对造雪过程进行精准检测，防止发生造雪机造雪过多和过少的状况。

设计一种用于造雪机的造雪自动化系统和造雪自动化模块。造雪自动化模块可以使用电池供电，因此不需要固定的电力基础设施。造雪自动化系统的各种组件采用无线通信，造雪自动化模块可以通过基站、服务器、数据库、中继器节点远程控制造雪机。

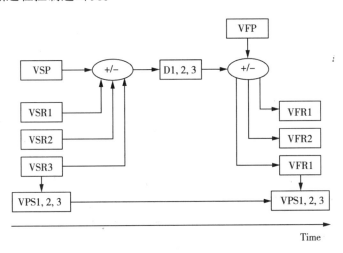

图 2-8　根据气象站超前预测控制造雪

把造雪机的喷嘴和核子器分成几组，并且分别用辅助管路将每组喷嘴与核子器连接，在辅助管路上安装阀门控制每组喷嘴的供水。通过该方法可以控制造雪机工作的喷嘴数量，避免在环境温度较高或较低时水量较大不能成雪和结冰，使造雪机在适合的工作模式下工作。

第三节　造雪机的使用方法

一、造雪机的选型与安装

在选择造雪机时，不仅要考虑造雪机本身的成本，还要考虑辅助设施（比如喷射塔、空气压缩机等）的成本，以及能耗和适用性（包括造雪温度、地形类型、雪道的宽度等）。采购时要结合雪场实际情况选择适合的造雪设备，比如对于雪道长且弯道多的雪场，最好选择体积小、可移动式的造雪机，以适应不同位置、不同地形的造雪要求。

最常用的造雪机主要由拖车、造雪系统、管路系统、电气系统、风机、操作件六大部分构成。

原料水是造雪机需要的主要原料。由于滑雪场位于山上，寻找合适的原料水往往是一个问题。如果附近有河流或小溪，正好可以就地取材，否则就要在山的底部建造水库来储存、供应生产用水，在需要时将水泵入到造雪机中。除了原料水之外，造雪机还需要压缩空气和成核材料来制造雪。压缩空气可以通过空气压缩机获得。成核剂则是一种可生物降解的蛋白质，它使水分子在比正常温度更高的温度下形成晶体。通常情况，成核剂可以将机器产生的雪量增加50%，它还有助于生产更轻、更干燥的薄片。

虽然造雪机有多种设计可供选择，但大多数都包含常见的几大部件，包括压缩机、泵、风扇和控制器。造雪机的中心部分是风扇组件，可以将空气和水的混合物转化成微小液滴，并将其吹到斜坡上。它与典型的便携式家用风扇相似，有一个连接到变速电机的旋转螺旋桨叶片，附着在叶片上的是弯曲的叶片，以线性方式引导空气流动。风扇装在两端敞开的钢制壳体中，随着风扇的叶片移动，空气从管道的一侧吸入。为了防止异物进入组件，这一面覆盖着一个防护板。控制雪的主要成分的机制位于风扇管道的前端或排放端，包括喷水、压缩空气泵和成核装置。成核装置包含充满成核剂的贮存器。水通过水库泵入，与成核剂结合。水和压缩空气软管连接到风扇组件，这些软管连接到一系列压缩机和水泵上，通过管道向山上输送空气和水。

为了增加雪的覆盖范围，风扇组件安装在摆动架或旋转轭上。根据设计，旋转轭的位置可以刚好离开地面或连接到高塔。杠杆可以连接到旋转轭上，它可以调整雪花离开机器的角度。机器的控制箱通常位于旋转轭架的底部，里面主要包括开关，用来操作诸如水流量、风扇旋转和振荡速度等参数。控制箱也可以由远程计算机操作。

人造雪的生产需要一系列装置，能够将水和空气移动到山上，除造雪机外，该系统还包括一系列水管、电缆、泵和压缩机。首先，对于水管和电缆的铺设要有整体的布局计划。然后，水管和电缆铺设的沟渠必须保证有足够的负挖深度，只有这样，在冬季的几个月里水才不会冻结。在水管分布线的各个点上，要安装阀门、软管以及配电箱来配合造雪机的使用。这些设备的周围要包裹干草，以避免受冻。

二、造雪的过程控制

造雪工作通常在夜间完成，需要持续监测。通常只在室外温度为 28 ℉（−2.2 ℃）或更低时进行。多台造雪机连接到斜坡上的水线，机器打开时，造雪过程即开始。首先需要将水输送到各型号设备中，由于机器类型的不同，水可能会在泵送前或初次进入机器时与成核材料进行混合。然后将水与压缩空气混合并通过大马力风扇吹出。风扇可以将混合物喷洒到高达 20 m 的空中，飘洒过程中水结晶并形成雪。出雪后可以分析雪质，调整机器，以产生最佳质量的雪。造雪机吹出的积雪往往堆积呈现出丘陵形状，当雪堆积得足够高时，要关闭造雪机。造雪机在最佳工况下工作时，可以在大约两个小时内产生足够覆盖足球场大小区域（雪深为 15~20 cm）的积雪。

人工造雪要放置 2~3 天，这可以让多余的水分排出，并有助于产生更柔软的雪。雪堆经过放置之后，可以着手进行表面修饰。此时压雪机介入，使用特殊的犁，雪堆被整理到可以滑雪的平面状态，同时雪的内部被雪犁耕过之后会变得蓬松，更易于滑雪。质量控制生产与自然雪一样好或比自然雪品质更好的人造雪，需要大量的质量控制措施：

第一，在生产之前，对成核材料进行检查以确保其符合适当的规格。

第二，在制作雪时，需要详细分析结晶质量、外观和湿度。

第三，可通过调整空气和水的比例，提高雪的质量。如果雪质量更好，它会持续时间更长，形状更好，更容易修理。

第四，在造雪过程中，造雪工人对轴流风机技术参数的设定非常重要。因为轴流风机是造雪机的核心部件。造雪机造雪时，在轴流风机的作用下，核子圈生成的雪核与圆盘喷嘴喷出的水雾在抛射过程中相结合，喷向空中，在外界 –15 ℃左右水雾遇到冷空气结晶成为雪花。因此，轴流风机的风压、流量选取得是否合适，也决定了造雪机的造雪效果。

对于滑雪场的造雪人员来说，检测并控制雪的质量是至关重要的，甚至"造雪"也称得上是一门艺术。因为雪的质量范围从干到湿再到泥泞，有多种状态，初级雪道跟高级雪道通常需要不同深度和质量的雪。另外，积雪的质量也会影响到雪道坡度修饰的难易程度。例如，要达到特定的质量，造雪者可能需要在雪道底部铺上一层湿雪，再在上面铺上一层干燥的雪。正如我们所看到的，造雪工人必须将许多变化因素与实际需要相结合，才能使坡道拥有理想的滑雪用雪。

造雪机造雪的原理虽然简单，但是让机器高效工作确实需要非常娴熟的技术。许多造雪工人将造雪描述为科学与艺术相结合的、富有挑战性的工作，基本要素是精确的气象测量和昂贵的机器设备，但还需要直觉、随机应变的能力和创造力，才能把工作做好。

三、造雪机的启停操作（以 SUFAG 炮式造雪机为例）

（一）启动造雪机

1. 造雪机开启前务必保证其已用千斤顶固定平稳。

2. 电源开关。造雪机开启后，滤水器加热装置将会自动开启运转。手动造雪机则需手动开启滤水器加热装置，预热可有效防止球阀损坏。如阀门冻结，需预热到内部结冰全部融化为止。开启喷水环加热装置。如有需要，可同时开启照明灯，连接供水系统。

注意事项：结冰易造成过滤网和滤水器损坏，供水前务必将软管内部结冰冲洗干净。过滤网也要在工作前清理干净，以免残留任何污垢。

3. 加热（约 5～10 min）后，开启压缩机。通过压力表来检查压力，无水情况下最大压力值在 2～4 bar。压力值过大，表明造雪机部分喷嘴仍被堵塞。如果出现这种情况，则需先关闭压缩机，开启加热装置，经过 2～3 min 加热后，喷嘴内冰块全部融化，再重新开启压缩机。

4. 开启轴流风机。

5. 向造雪机供水（应缓慢打开出水阀门）。

6. 调节流量阀，调整阀门阀体位置及输入压力，将水流量调节到与环境条件相符合的数值。注意：水压最小值为 6 bar，水压最大值为 40 bar。

（二）关闭造雪机

1. 关闭进水口阀门，断开造雪机与供水软管的连接。

2. 当喷嘴环不再有水流出后，分别关闭压缩机和射流风机。

3. 关闭加热装置。

4. 检查压缩机油位。

四、关于造雪成本

造雪成本是雪场经营中不可忽视的一个要素。据了解，一个大型滑雪场的造雪系统每分钟可将 2～3 万升的水制成雪。而大约一个家庭泳池的水才能为一片标准足球场大小的区域铺上 15 cm 厚的雪。可见，滑雪场在利用人造雪铺就滑雪道时，需要使用大量的水。

对于滑雪场来说，水的成本并不占据主要部分，大量淡水的消耗也不对环境构成巨大的影响。大多数滑雪场从位于低处的一个或者多个蓄水池中抽水。从坡道上流下的水会返回到这些蓄水池中，因此滑雪场实际上是在反复利用同样的水。而电力消耗也是一项重要的考虑因素，是滑雪场最大的成本之一。如果造雪机使用的是压缩空气，则必须消耗大量的电能来驱动大型空气压缩机。此外，还需要一个水泵系统来为造雪机供水。这些泵通常由柴油发动机驱动，而柴油发动机会造成大量的空气污染。使用无压缩空气造雪机的滑雪场同样需要大量的电能来驱动机器的风扇。虽然制造相同数量的雪，这类造雪机比使用压缩空气造雪机所消耗的能量要少得多，但它们仍然是主要的耗能设备。对于大多数滑雪场来说，电力消耗在所有开支中位居第二位，仅次于人力成本（仅造雪这一项就需要许多造雪工人参与）。不管滑雪场采用什么样的技术，造雪在能耗中所占的比例都是相当高的。

造雪是一个相对昂贵的能源消耗过程，由于造雪费用高昂，滑雪场必须制订一种合理的策略，确定使用这些机器的时间和地点。造雪过程设计优化的目的，是在机器运行成本和滑雪季节延长所带来的经济效益之间取得平衡。高效的造雪工人可确保机器在没有带来任何效益的情况下不浪费电能来造雪，并且只在雪可以保留下来时才造雪。

拓展阅读

SUFAG 炮式造雪机使用手册

一、SUFAG 炮式造雪机的安全须知

（一）电路系统安全须知

电源及控制线中可能存在的危险电压可造成致命伤害。对造雪机进行任何维修及保养工作时，除应遵守普遍适用的基本原则外，还须遵循以下原则：

定期对造雪机连接电缆、插头等电源连接进行检查。

不管发现任何损坏，都须立即进行更换。

对造雪机进行任何维修及保养前，请务必先切断电源，以避免发生因开关未关所引起的意外。

造雪机如出现故障，请务必交由专业人员对其进行检修。

无论是机器本身的问题还是机器安装的问题，请务必确保所有问题得到妥善解决后才能再次启用造雪机。除检查造雪机电源连接、电缆等日常保养工作外，其他一切涉及电控系统维修和配件更换的工作都须交由专业人员完成。

（二）供水系统安全须知

造雪机所能承受的最大工作压力为40 bar。软管安装环节稍有疏忽，水压将足以造成人员伤害。所以，将压力软管连接到造雪机时，请务必遵循以下原则：

务必使用与该工作压力相符的软管和接头。

普通消防软管不可在造雪系统中使用。

软管和接头跟电缆一样，也需定期进行检查，以便能及时发现问题，排除故障隐患。

现代软管一般采用双层包裹结构，即使外层属防漏型软管也有可能存在问题。

存在问题的软管，须交由相关专业人员进行维修。

作业时，软管与接头连接处所承受的压力将高达800 kg，因此负责连接水管和接头的人员需具备一定的专业技术。

切勿使用加压水打通冻结软管。因为软管中的积冰可能会对造雪机的水箱、过滤网、阀门等造成损坏。

切勿对仅有一端连接的软管施加压力。因为压力推力会产生强大的径向力，该径向力可能会导致人员伤害。运输软管时，请将软管卷起后再放置到运载工具上，切勿直接使用压雪车或雪地摩托拖拽软管。

（三）其他安全须知

造雪机的安装工作切勿由一人单独完成。一旦有意外事件发生，须保证有其他人员可立即采取营救或补救措施。

操作造雪机时，衣服穿戴要合适，防止丝带、围巾等卷入造雪机的转动部分造成人员伤害。清除造雪机喷嘴或风扇防护罩上的结冰时，请务必做好眼部的防护措施。为方便操作，请尽量把造雪机放置在水平位置。放置时，注意最大倾斜角度，以防造雪机发生翻倒。

放置带三脚架底座的造雪机前，请先将三脚架架腿伸长。在造雪机的放置位置，请注意将三脚架基架与架腿保持水平。底座20°的最大倾斜角度相当于40°的最大坡度。

放置带轮式底座的造雪机前，请先将轮轴拉长。搬运造雪机及其底座时，请务必另外使用链条将造雪机固定在压雪车上。同时在造雪机的放置位置，请注意将底座车轮保持水平。底座35°的最大倾斜角度相当于35°的最大坡度。

（四）其他人员安全保护

造雪机操作过程中，除要保护好自身人身安全外，还应考虑滑雪游客的人身安全。搬运造雪机需使用专门的运输工具。搬运前，请先检查运输工具的拖拉装置及造雪机的拖挂接头，确保造雪机能安全拖挂在运载工具的拖拉装置上。同时，在运输途中，还需使用链条将造雪机固定在运输工具上。

应在早晨或夜间等滑雪游客较少的时间段进行造雪机的搬运工作。造雪机的放置位置，须确保滑雪游客在造雪机作业状态和非作业状态两种情况下都能在安全距离内可见。

确保滑雪时段造雪机周围及水电供应附近区域的安全。避免将软管、电缆等铺设在滑雪游客滑行经由的雪道区域，因为滑雪板钢制边刃会对其造成一定损坏。

二、造雪机的结构与运行方式

SUFAG 造雪机通过带有 355 个（Power 型）或 310 个（Eco 型）特殊喷嘴的喷嘴环喷射出最佳比例的水和空气混合物。在适当的气象条件下，这种水和空气的混合物将会在低压风扇的作用下在还未到达地面前就结晶成微小的雪晶。因采用科学的喷嘴环设计，水流量可进行灵活调节，从绝对临界/极限温度范围到低温范围，造雪机都能高效进行造雪作业，且雪量大、雪质好。

空气压缩机位于铰链盖或可拆装盖的下方。

原料水经造雪机底座下方的摆动接头或直接由水箱和阀门流入后，再进入到喷嘴环。造雪机关闭后，可自行进行排水。电控箱位于造雪机风筒侧面。造雪机易受冻部件通过加装加热装置，能有效防止冰冻发生。风扇可朝上或水平旋转。

三、造雪机操作

（一）造雪机放置

最好将造雪机放置在较为平稳的位置。造雪机放置后，用千斤顶将造雪机固定牢固。搬运时，要将造雪机的摆头装置水平固定至其不能自行挪动为止。

注意：带轮式底座和带三脚架式底座的造雪机，可将底座后部宽度调至 280 mm（两边分别伸长至 140 mm）。将造雪机放置在雪道前，务必根据地形特点先将底座后部宽度调整好。同时，还应注意检查轮胎气压。如没有特殊说明，轮胎气压最大值为 1.5 bar。

搬运造雪机时，请务必遵守常规的安全操作规程。

（二）供水连接

造雪机中央进水口摆动接头处有一个规格为 2" 的快速接头，该接头主要用于连接供水软管。

造雪机通过使用规格为 2" 的软管连接到出水口。为了便于操作，软管长度最好控制在 20 m 以内。如造雪机到出水口的距离较远，可选择使用多根软管。建议使用 SUFAG 造雪系统专用软管。

（三）供电连接

造雪机电源电压为 3×400/50HZ VAC（3L＋N＋PE），允许偏离额定电压 ＋5%／－10%，因此造雪机可运行电压范围为 360 VAC 到 420 50HZ VAC 之间。

造雪机附有一根 20 m 长的电缆，电缆带有 5 芯 CEE63A 插头。造雪机到出水口的距离取决于电源电压及可允许的电压损耗。请务必使用适用于该温度范围的软性电缆。不管怎样，要防止缠绕悬挂在挂钩上的电缆滑落。

一般情况下，造雪机采用三相五线（3L＋N＋PE）制供电系统。没有安装零线的老装置可通过接入集成变压器来获得控制所需的 230 VAC 电压。

检查风扇的转动方向。风扇转动方向必须和前头方向一致。如风扇方向转动错误，需调换任意两相的位置。注意将所有出水口的转向保持一致，并且确保连接电缆相线不能交叉。

（四）启动造雪机

1. 造雪机开启前务必先确保其已用千斤顶固定平稳。

2. 开启电源开关。全自动造雪机开启后，水箱加热装置将会自动开启运转。手动造雪机则需手动开启水箱加热装置。预热能有效防止球阀损坏。如阀门冻结，需对其预热至内部结冰全部融化为止。

3. 开启喷嘴环加热装置。如有需要，可同时开启造雪机照明灯。

4. 连接供水系统。

重要注意事项：因积冰容易造成过滤网和水箱损坏，向造雪机供水前，务必先将软管内部积冰冲洗干净。同时，过滤网也应清洗干净，以避免残留任何污垢。

5. 经预热后（约 5～10 分钟），开启压缩机。通过压力表来检测压力

（无水情况下最大压力值为 2 ~ 4 bar）。压力值太大，表示造雪机部分喷嘴仍被冰块堵塞。该情况下，则需先关闭压缩机，开启加热装置，经 2 ~ 3 分钟加热后再重新开启压缩机。

6. 开启风扇。

7. 向造雪机供水（应缓慢打开出水口阀门）。

8. 调节水流量。根据调整电磁阀阀位及输入压力，将水流量调节到与环境条件相符的数值。水压最小值为 8 bar，水压最大值为 40 bar。

（五）调节水流量

水流量需根据具体天气条件进行调节。由于水流量的调节受诸多因素的影响，因此不同天气条件下很难在各个转换点指定具体的普遍适用数值。

水流量将会受到如下因素的影响：气温和空气相对湿度、地面温度（雪温）、水温和水质、风力、雪道坡度及造雪机放置角度、雪质（雪的比重）。

水流量调节可通过如下两种方式进行控制：电源开关阀门和喷嘴环开关，水压 8 ~ 40 bar。

造雪机有 4 个喷嘴环和 1 个位于最外部的核子器喷嘴环。核子器喷嘴环始终处于开启状态，另 4 个喷嘴环，除 Compact Eco 型的 2 号环外，都可通过各环的电磁阀进行开关控制。

通过操控电控箱上 1 号环/2 号环/3 号环/4 号环的开关，可控制各环电磁阀的开关状态。

通过手动调节出水口阀门来控制水压。核子器喷嘴环配专门的压力调节阀。另 4 个喷嘴环的压力则和水压保持一致。

（六）关闭造雪机

1. 关闭出水口阀门。断开造雪机与供水软管的连接。

2. 当喷嘴环不再有水流出后，分别关闭压缩机和风扇。

3. 关闭加热装置。

4. 检查压缩机油位，查看是否需要加注压缩机油。

（七）持续运转

为保证造雪机能持续执行坡面造雪任务，需不断改变造雪机造雪方向。

造雪机的摆头功能可以使造雪机大面积地进行造雪作业。一般环境下作业，平均每10个小时需检查一次压缩机油位，查看是否需要加注压缩机油。在坡度较大的坡面执行造雪作业时，压缩机油的消耗相对较大。

注意：仅限使用美孚拉力士SHC1024压缩机油！避免过量加注压缩机油（可能会对压缩机造成损坏）。

（八）报警装置

造雪机配备的报警装置会在造雪机发生故障时报警。报警装置会对风扇和压缩机进行实时监控。位于水分离器处的压力开关用于对空气压力进行监控。造雪机作业所需空气压力来自水流产生的相应背压。当供水出现问题时（如水压不足或软管出问题），报警装置也会报警。造雪机出现故障时，氙气闪光灯将会以闪烁的方式发出警报。要确保闪光灯会在造雪机刚启动时闪烁（因空气压力较低），当空气压力达标后，闪光灯会停止闪烁。

（九）自动摆头功能

造雪机摆头机械装置安装在齿轮电机上，并通过齿轮电机的钝齿轮来实现摆动功能。齿轮电机安装于浮动位置，可通过手动功能控制运行状态。因此在无电源供应的情况下，造雪机也能摆动至所需方位（如运输造雪机时）。

齿轮电机的计数轮将通过接近开关对摆头角度进行监控。通过调节相应的控制开关，摆头角度可设定为10°、16°、24°、30°、38°、44°、52°和60°等8个不同挡。

全自动造雪机的摆头装置通过STF全自动控制系统进行控制，仅需在键盘上输入相应的摆动角度即可完成角度调整。

四、维护保养

SUFAG 低气压造雪机基本上是可以免维护的。尽管如此，还需注意以下几项。

（一）夏季存放

建议造雪机在每个雪季使用完毕后应对其进行一次全面检修，然后再入库存放。

（二）压缩机

压缩机详情及保养维护介绍请参见由压缩机生产厂商提供的压缩机说明书。当压缩机工作时长达到 50 小时后，务必要对压缩机油进行首次更换。此后须在每个雪季结束后或压缩机每工作 500 小时后对压缩机油进行更换。

压缩机油的选择：仅限使用美孚拉力士 SHC1024 压缩机油。压缩机油量：2.0 升。

（三）喷嘴环

虽流经喷嘴处的水预先通过过滤网的过滤，部分喷嘴依然可能发生堵塞。当喷嘴阀堵塞时，需使用专门的工具将喷嘴拧松，然后对其进行清理。

保持喷嘴畅通无阻是造雪机能正常运行的前提，喷嘴堵塞会导致喷嘴环结冰。

（四）过滤网

如水源不是直接来自自来水总管道，为防止过滤网遭受重度污染和保护高压离心泵（泵站），建议在泵站加装水过滤器。过滤网清理频率取决于水质污染等级。因造雪机在安装过程中容易造成管道污物堆积，对于新装的造雪机，应该增加其过滤网的清理频率。

取出过滤网后，使用高压水喷射冲洗，如有需要，还可使用刷子。

（五）核子器喷嘴水压调节阀门

核子器喷嘴水压调节阀门无须进行任何维护保养工作。如水压阀门不能正常工作，将导致流经核子器喷嘴的水压过大，压缩机安全阀门也会开启，该情况下，则须检查阀门的流动性能及其他功能。检查步骤如下：

核子器喷嘴水压调节阀门安装于阀组箱内。打开机器后盖，将会看到阀组箱。阀组箱内，会看到水压调节阀门的调节螺丝。顺时针调节螺丝，核子器喷嘴水压升高。逆时针调节螺丝，核子器喷嘴水压降低。检查位于空气管上的压力表的压力变化。调节水压阀门时，将造雪机核子器喷嘴环及一个喷水喷嘴环开启运转，且保证造雪机输入水压大约为 20 bar。通过调节螺丝将核子器喷嘴水压调至 7.0 bar，调好后，用锁紧螺母将调节螺丝固定。

如压力没有发生变化，请按照如下步骤操作：首先找到调整调节阀门弹簧阻力的调节螺丝，然后拧开螺丝直到弹簧完全复位。打开阀门盖，取出弹簧盘和压力弹簧。使用 SW10 扳手转动和拉动活塞，对活塞进行校准和调整。然后检查活塞确保其完好。同时还要检查两个 O 型圈有无损坏，以及是否将两个 O 型圈上的污物清理干净。用防水润滑脂对放置 O 型圈的环槽进行润滑，然后再以相反的顺序组装。按照之前的介绍，将核子器喷嘴水压调至 7.0 bar。两个 O 型密封圈将活塞密封，避免弹簧室内积水。拆开阀门，更换两个 O 型圈，然后再次将阀门组装。组装前，检查活塞环槽周围的孔边缘是否无任何毛刺。

（六）电气部分

所有电气设备每年应进行一次维护保养工作，检查供电连接（紧固止动螺丝），检查控制电缆，检查螺纹密封套管（用于保持电控箱密封性）。"T"型必须一月按动一次，如开关不能正常断开或断开后不能再次启动，表明开关可能已损坏，须立即进行修复。切勿任意改变电气设置（如电动机保护开关，延时继电器等）。

五、故障、原因及解决办法

（一）风扇电机保护装置跳闸：F1

1. 可能原因

电流消耗增大，电压过低，电压骤降（工作电压最小值为 360 VAC），星三角转换继电器损坏或断相。如需检查输入终端电压，须交由经授权的专业人员完成。

电压损耗情况受电缆长度、导电材料、传导截面及负荷情况（电流消耗）等多重因素影响。因此，只有当所有机器同时运转时才能测量出实际电压损耗。如风扇防护网被冰块阻塞，同样可导致电流消耗增大。

2. 解决办法

故障原因排除后，关闭风扇，再次按下电机保护装置重置按钮 F1（风扇），然后再重启机器。

（二）压缩机电机保护装置跳闸：F2

1. 可能原因

电流消耗增大，电压过低，电压骤降（工作电压最低值为 360 VAC），断相，超压或机械损伤。

2. 解决办法

故障原因排除后，按下电机保护装置重置按钮 F2（压缩机），然后再重启机器。

警告：故障原因未排除前，切勿短时间内重复启动电机保护开关。电机保护开关启动过于频繁将会导致电机绕组烧损。

（三）加热装置断路器跳闸：F4 和 Q1

1. 可能原因

由于短路（自动断路器 F4）或意外接地（泄漏电流继电器 Q1）所引起故障。为找出故障原因，请逐步关闭加热装置：

①关闭喷嘴环加热装置。②关闭喷嘴环加热装置。③关闭阀组箱上部加热装置。④关闭阀组箱下不加热装置。

喷嘴环加热装置通过断开终端连接。只要开启终端连接，电控箱内的喷嘴环加热装置就可断开电源。阀组箱加热装置连接于阀组箱上侧的接线盒内。

2. 解决方法

一旦发现加热装置存在任何损坏，须立即进行修复或更换。损坏的加热装置如未及时修复或更换，将在短时间内导致其他故障发生。

六、造雪贴士

只要气温达到造雪条件，造雪机就可开始造雪作业。造雪量越大，雪覆盖就会越深，气温回暖时，滑雪场的雪量就会更有保障。在坡面布置软管、电缆及放置造雪机时，要注意考虑安全因素。最好在软管、电缆的放置位置加装防护栏，这样不仅可以起到防止事故发生的作用，同时又能保护软管、电缆免遭雪板钢刃等的破坏。为了让雪喷射的距离更远，覆盖面更大，造雪机造雪方向应和下坡方向保持一致。切勿让造雪机逆风造雪，这样可能会导致造雪机的风扇防护网和扇叶被冰雪堵塞。

注意事项：造雪机发生严重结冰情况时，为防止扇叶损坏及避免造雪机抛出的冰块危害他人人身安全，请关闭造雪机。当造雪机结冰较多时，需关闭造雪机，将风扇向前倾，盖上风扇防护网，打开喷嘴环加热装置。经短暂加热后，冰冻融化，然后再次启动造雪机进行造雪作业。当风扇防护网有白霜出现时，即使造雪机处在作业状态，也需立刻对白霜进行清除。清除风扇防护网处的白霜，方法很简单，仅需用张开的手掌轻拍防护网即可。

造雪机操作人员务必要在作业时避免穿戴围巾、腰带、领带等容易被吸入机器的衣物。造雪机风筒的调节将会影响造雪的雪质。水和空气的混合物在周围空气中停留的时间短，造出的雪质偏湿；水和空气的混合物在周围空气中停留的时间长，造出的雪质偏干。

结论如下：造雪机所固定的喷射角度不仅要能尽量延长水和空气的混合物在周围空气中所停留的时间，同时也应保证让雪喷洒的范围更广，面积更大。造雪机开始造雪时，检查所造雪的雪质，根据雪质需求对风扇或水流量进行调节。待造雪作业持续较长时间后，还应再次检查所造雪的雪质，查看是否需要再次对风扇或水流量作出调整。滑雪场内滑行频率较高的区域，需先造一层湿雪打底，然后再在其表面覆盖一层干雪。在造雪机进行造雪作业时，如条件允许，可短时间内增开一环喷嘴投入作业，也可采取提高水压的方式来获取湿度较大的雪质。

第四节　造雪机的保养与维护

雪季结束，人工造雪机该如何更好地维护与保养呢？必须注意以下两点。

一、造雪机的存放

造雪机在每一个雪季使用结束后，应对其进行全面检修，然后再入库存放。

二、造雪机的检修

（一）压缩机

压缩机的使用、保养、维护要参照压缩机生产厂家提供的说明书。当压缩机首次投入使用时，工作时间超过 50 h 后，必须停机对压缩机油进行更换。以后压缩机每工作 500 h 或每个雪季结束，都要对机油进行更换。

（二）喷嘴

经过喷嘴的水虽然都经过过滤器的过滤，但是，部分喷嘴还是有可能被堵塞。收入仓库前，需使用专用工具将喷嘴拧下，然后对其进行清理，放入清水清洗干净再安装好。保持喷嘴畅通无阻是造雪机正常工作的前提，喷嘴堵塞易导致喷嘴环结冰，影响造雪机正常使用。

（三）过滤器

入库前必须对其进行彻底清理。滤网取出后，可用高压水喷射冲洗，必要时也可以用刷子清洗。

（四）电气部分

所有电气设备，每年需进行一次维护保养。检查供电连接，看有没有松动；检查控制电缆，有没有损坏；检查螺纹密封套管，保证电控箱的密封性。

拓展阅读

从业6年，见证、参与冬奥筹办的黄永斌——为大赛造雪　变"冰雪魔术"

来源：《人民日报》，2022 - 01 - 19

时近傍晚，银装素裹的河北张家口崇礼云顶滑雪公园游客散去，场地赛事部造雪兼电气主管黄永斌带着造雪师团队开始工作。百余台造雪设备一齐开动，雪花扑簌簌落满山头，在灯光的照射下分外美丽。

北京冬奥会赛时，滑雪项目将有20枚金牌在这里产生。一想到这儿，黄永斌就浑身充满干劲，"要用更优质的雪迎接冬奥到来，希望运动员们在这片场地滑出好成绩"。

对造雪师来说最重要的是出雪质量，得保证游客和选手的滑行体验

因为工作内容是以水造雪、将山坡变为雪道，造雪师常被称为"冰雪魔术师"。就像精彩的魔术不只是摆弄道具，优质人工雪的产生不仅是造雪机的功劳，更需要造雪师经验和技巧的积累。

"造雪对温度、湿度要求很细，温度要求在0摄氏度以下，湿度最好在50%以下。我们要控制水和空气的压缩混合比，通过造雪机雾化喷出，在空气中凝结成雪晶。喷洒距离越远，雪质才越好。"黄永斌说。

造雪机的摆放也有学问，即便是同一条雪道，每次造雪时设备放置的位置也不尽相同。"风速、风向都要计入考虑。设备启动后，每隔1小时要实地查看造雪情况。"

造雪细节千头万绪，但黄永斌基本能一步到位，极少出错。对赛道和设备情况了然于胸，没什么捷径，唯有日复一日地钻研摸索。

黄永斌每天要徒步上下山，逐个巡查造雪设备，日均要走4万步。他还掌握不少"独门绝技"：听听造雪设备的轰鸣声就能判断运转是否正常，攥一把雪就能检验造雪质量，"散说明雪质太干，实就是水分太大，干湿适中，雪质最佳"。

每年雪季开始时，是黄永斌最忙碌的日子。因为初次造雪要确保雪面厚度在30厘米以上，造雪师们经常赶工，吃住都在雪场。非雪季，他们则需要检修造雪设备，以备雪季使用。

从业6年，51岁的黄永斌因为经常在山上作业，皮肤黝黑，双手布满老茧。但在他眼里，这是造雪师的勋章："对造雪师来说最重要的是出雪质量，得保证游客和选手的滑行体验。"看着雪道逐渐成形，黄永斌总会感到莫大的幸福。

优质的人工雪密度高、强度高、易塑形，是赛道用雪的上佳选择

在黄永斌看来，崇礼的气候非常适合人工造雪，出雪质量很高。"优质的人工雪密度高、强度高、易塑形，是赛道用雪的上佳选择。而且相较于天然降雪，人工雪更耐高温，因此崇礼的雪季能从头年的11月初延续到次年的4月前后。人工造雪对雪场意义重大，举办滑雪赛事更是如此。"

北京冬奥会自由式滑雪和单板滑雪的大多数比赛项目，将在云顶滑雪公园举行。冬天的山上，气温最低能到零下30摄氏度，风力最大能达到8级，身高体壮的造雪师都被吹得跟跄。即便如此，一旦设备出现故障，大家都冲着抢着去检修。

"雪场给我们配备了厚厚的防寒服和手套，但在维修结构精密的造雪机时，我们会选择徒手作业。干两分钟，把手揣到怀里暖一暖，再接着干。"黄永斌说，"风雪越大的时候，我们越要冲到工作第一线。"除了造雪，黄永斌还要负责雪场的电力设施和场地设备检修，虽然辛苦，但服务冬奥会的热情高涨。

2021 年年末，国际雪联单板滑雪和自由式滑雪障碍追逐世界杯在云顶滑雪公园举办，黄永斌带领 20 名经验丰富的造雪师全程参与造雪工作，良好的雪质受到国内外运动员的好评。"投入冬奥会造雪工作，是我们的责任，更是荣耀。如果中国运动员能在这片场地上取得好成绩，所有付出都值得！"

越来越多人开始关注冰雪运动，行业的前景也会越来越好

黄永斌是土生土长的河北崇礼人，曾在外地从事过电气领域的工作。2015 年，北京携手张家口获得 2022 年冬奥会和冬残奥会举办权，令他深感自豪："当时就琢磨着，冬奥会能给自己和家乡带来什么，自己又能为冬奥会做什么。"

最初进入雪场工作时，黄永斌对造雪工作并不了解，跟着一名新西兰造雪师学习。由于不怕苦，悟性又高，两年下来，黄永斌就能够独立完成造雪任务。

"那时雪场只有六七十台造雪机，多是从国外进口，懂操作的人凤毛麟角。"黄永斌说，"现在条件好多了，雪场配备了 270 多台造雪机，能根据气温、湿度、风向等环境变化，远程调整出合适的参数，满足各种造雪需求。"

让黄永斌更为欣喜的是，越来越多的年轻人开始关注这个行业，选择成为造雪师。"团队现在有 40 多人，年龄最小的才 20 岁出头，最近两年还有大学生加入我们。"

黄永斌从业的 6 年，正是冬奥筹办紧锣密鼓推进、冰雪运动迅速普及推广的 6 年。云顶的变化、崇礼的变化、冰雪运动的变化，他都看在眼里："现在越来越多人开始关注冰雪运动，行业的前景也会越来越好。"

确实，黄永斌所在的云顶滑雪公园，赛道扩容升级，服务越发周到，游客纷至沓来；崇礼也旧貌换新颜，这座塞北小城每 5 个当地人就有 1 人捧起"雪饭碗"；据统计，国内各类滑雪场达到 803 个，较 2015 年增幅达 41%……职业前景看涨、家乡越发漂亮、就业面更加宽广，日子一天比一天更有奔头。

看着雪道上年轻人热火朝天的背影和漫天飞舞的雪花，黄永斌心底升腾起一个新目标："造雪师还是一个新工种，期待更多年轻人关注这个工作。我要手把手地教他们，希望为国家培养更多专业的冰雪人才。"

第三章

压雪机

高端压雪机是滑雪产业中的核心装备，是滑雪场雪道建设与日常整理不可或缺的大型装备。目前，全世界的中高端滑雪场所使用的压雪机一直被国外生产企业所垄断，我国还没有技术相对成熟的制造厂家生产该类型设备。

一般滑雪场雪道的雪深通常在 20 ~ 30 cm 之间，由于天然雪及造雪机人工铺设的雪道表面，雪质大都比较蓬松，不利于滑雪者使用，必须借助压雪机将其压实。但是，仅一次压实后的雪面较为生硬，又缺少了自然雪的感觉。为了营造更逼真、更舒适的滑雪环境，给滑雪爱好者更完美的滑雪体验，雪场通常还要再用机器把雪面翻起，反复压实，在进行多个工序之后，才能最终交付使用。如此铺设的雪道表面更加光滑，滑雪者在滑行时也更加顺畅。因此，压雪机成了滑雪场平整场地的必备利器。

压雪机通常具备以下功能：

压雪：这是压雪机最初的功能，最早的压雪机只是为了压住天然雪，把雪压实以避免被风吹走。

平雪：针对滑雪场地势高低不同、雪道凹凸不平的问题，压雪机在压雪基础上又增加了平雪、铺雪功能。

推雪：当滑雪者从高坡滑下时，经常会将小部分雪从坡上带下来，为保持雪道的标准厚度，设计者增加了压雪机设备发动机的马力，可将散落下来的散雪向上推。

碎雪：在昼夜温差较大的雪场，雪的表面容易凝结成一层薄冰，针对此困扰，压雪机又增加了雪犁，方便将雪团及雪道表面的薄冰打碎，更好地将硬雪整理成软雪。

第一节 压雪机的工作原理

滑雪场中的雪道是否光滑，滑雪者运动体验的好坏都和压雪机有很大关系。可以说，压雪机是决定滑雪场等级的重要设备，当然价格也相当昂贵。滑雪场经营者需指派专业人员管理压雪机，并注意日常的使用与维护。在运行压雪机时，驾驶操作员需要随时通过声音、压雪效果来判断工作的状态是否正常，要避免让机器带伤工作，进而造成事故。

压雪机具备功能强大的控制系统，它能够利用记忆功能存储各种技术参数，需要时可随时调出，能以最快的速度应对各种雪况，铺设出完美的雪道。

压雪机除了主机车外，还有前铲、后雪犁、履带、轮胎、U型槽开槽器等部件，都属于附属设备。对于此类附属设备，压雪机管理人员也应掌握相应的操作技术及维护方法，从而避免误操作对设备造成损坏。压雪机包含如下结构。

一、压雪机车辆底盘

压雪机的车辆底架是用非常强韧的金属焊接而成，完成焊接后需将整个车架置于热处理工艺炉中进行进一步加工处理，从而使车架各部分材料的应力保持一致，以此增加韧度和强度。但上述材料的高强度只能满足在正常工况下的必须要求，一旦发生翻车事故，车架很容易发生断裂危险。所以在操作设备过程中，一定要做到谨小慎微。

二、压雪机履带

滑雪场的压雪机材料坚固、结构设计合理，且制造工艺相对完善，设备本身的故障率较低。在日常操作中，大部分的故障是由于工作人员操作不当引起的，如驾驶员不清楚设备所处环境所对应的工作状态及运行功能，则很容易造成设备损坏。例如，压雪机如在没有雪的地上小角度转弯，会对轮胎和履带产生很大伤害。驾驶员需要根据地形选择设备能承受的最佳角度及方式，尽量避免设备转弯过急。每次驾驶员在驾驶设备之前都需要检查履带是否异常，在停用设备后还需再次检查履带状态，以及时发现异常。

有时履带上丢了螺栓被忽视，照常运行下去，虽不会立即发生危险，但由于受力不均匀，履带很容易变形、断裂，甚至发生危险。因此，设备管理人员应该与设备驾驶员密切配合，敦促其每次启动之前完成各方面检查，以降低故障率，保护设备的同时也保证了人员的安全。

三、压雪机轮胎

压雪机的轮胎分为充气轮胎与实心轮胎两种。对于充气轮胎，特别是压雪机的前轮，每次启动前需要及时检查，保证气量充足。因为在工作状态下，前轮受力较大，尤其在推雪上坡的时候，压雪机前轮的磨损要远大于其他轮胎。所以驾驶员在启动设备前及完成工作后要及时检查胎压，发现气量不足必须及时补充。除了检查轮胎气压外，同履带的检查方法一样，还需要检查轮胎螺栓有无松动及丢失的情况。

四、压雪机油泵

压雪机静止不动时需关闭发动机，若发动机一直处于点火状态，会影响发动机的使用寿命。同家用小汽车一样，发动机长时间处于点火状态容易造成发动机积碳等危害。据统计，在设备总的运行时间里，点火后静止不动的时间占总时长的33%。不仅会对设备本身造成危害，同时也是一种能源的浪费。

按照压雪机使用手册要求，设备运行1 000 h必须更换机油、滤芯，但实际的工作时间却只有700 h左右。

五、压雪机液压油及手油门

如压雪机输油管发生断裂，机油会随即大量泄漏，短短几分钟内即可将整个装置的机油全部流失，控制系统则会发生损坏，进而造成巨大损失。因此，油系统的报警至关重要，当驾驶员发现液压油渗漏时，应以最快速度返回车库，避免将车停在雪道上。

手油门的操作最好要"拧动"，而不是去"敲打"，否则容易破坏盖子。关于手油门和脚油门的选择，最好是通过手油门将转速先调到2 800转后，通过脚油门进行微调，而不是完全用脚油门控制。下山时，转速在1 800转为最佳，此时的速度跟设备重心正好处于平衡状态。而上山时，最佳的转速应在2 100～2 200转。

第二节　压雪机的使用与维护

一、发动机的使用与维护

1. 在停用维护时要避免阳光照射，需保持通风，避免潮湿。

2. 在关停前应怠速着车10分钟，使得油膜能够包在发动机各个润滑部位。发动机张紧，皮带放松。

3. 放出冷却液避免腐蚀水箱和机体冷却系统，停用后各个伸展部件要重新注入足量的润滑油避免潮湿生锈。

4. 正确使用油尺。为发动机加油前，工作人员通常会用油尺测量油箱中余量。若油尺使用不当，会造成机油过多，对发动机造成损害。另外，查看机油余量需在停车熄火3分钟后进行为宜。

5. 防止空气过滤器阻塞。如今大多数滑雪场都依赖人工造雪，在造雪的过程中，压雪机同时工作。由于气温较低，人造雪质比较干，很容易被压雪机的进气口吸进设备，雪片积累后会堵塞空气过滤器。如工作人员发现压雪机动力不足，很可能是由于雪融化后流入空气过滤器，此时必须及时清理空气过滤器。

二、压雪机雪犁的构造与使用

压雪机雪犁中间是断开的，可以根据地形的变化调整两条雪犁的连接角度。正中间安装有减速箱（必须避免积雪，需要及时清理），因为减速箱本身发热，存雪融化后再结冰，对减速箱的损害较大。另外，结冰部位会发生形变，导致雪犁无法正常归位。

在犁雪工作状态下，设备的重量直接影响耗能。除雪犁自身约有几百千克的质量外，雪犁周围的一些塑料挡板、后梳、积雪仓等处，会由于积雪造成不必要的重量增加，导致雪犁工作时能耗增加。所以工作人员在使用时，应注意及时清理积雪。除犁雪工作中会增大耗能外，设备上的积雪还会带来另一个弊端——影响雪道的平整性。压雪机行驶过程中，雪积累到一定程度会散落，使经过的雪道表面残留不规则大小的雪块，影响雪道的平整性。在压新雪时，积雪仓应保持平放，无须带雪；相反，在整理人造雪时，则应将积雪仓提起，多带一些雪。

压雪机平时行走车速是 10～20 km/h，在压雪时速度最好不超过15 km/h，如果超过这个速度，所压雪的质量就会下降。雪犁可以前转也可以后转，但一般情况下雪犁不会向前转，以免雪与后风挡玻璃发生碰撞。

在压雪机攀爬陡坡时，需要将雪犁支架抬起，抬起的角度需要工作人员进行合理控制，以便调整设备的重心。如此，不仅有利于设备自身的平衡，也可以缓解向上攀登的难度。对于坡度较大的雪道，往往需要压雪机一边攀爬陡坡一边压雪。操作人员要根据坡度大小进行适当的调整：当坡度太陡时要减少雪犁对雪面的压力，因为压力太大会导致爬坡困难。可通过调整设备上反向压力增加按钮，以减少雪犁对雪面的压力，降低设备的负载。压雪机的反向力是每按压一次按钮，对雪道就减小一定的压力。操作者需根据雪道的状态选择合适的压力。最极限的状态就是对地面没有任何压力，此时压雪的功能也无法实现了。

不仅可以上下调整，压雪机的雪犁还可以左移和右移。实际应用当中，左移的情况比较多，因为此状态下驾驶者能更清楚地进行观察。当压雪机转弯时，要将雪犁调整到自然重量挡位（不施加向下的压力），此状态不会影响压雪的质量，否则会产生不同程度的压痕。

三、压雪机的日常维护

压雪机的使用与维护是一个比较复杂的长期过程，维护人员与使用人员之间要明确分工、配合默契，要做到预防为主，微小损伤及时修复，如此才能杜绝设备重大事故的发生，保证设备高效优质地为滑雪场服务。

（一）压雪机的存放

1. 压雪机使用完毕后，需仔细清理雪犁、挡板等位置的积雪。

2. 压雪机发动机的养护需参阅品牌所对应的产品说明书。

3. 履带及销轴部位需涂抹润滑油。

4. 在消声器口安放塑料袋防潮。

5. 注意保持存放环境干燥。

6. 检查是否存在故障，如有损坏，需修理后存放。

7. 擦拭压雪机表面，去除灰尘，保持清洁。

（二）压雪机的清洁

在雪季，建议保持一定频率的清洗，以除去设备表面的灰尘及盐分，防止磨损和腐蚀设备的金属部件。具体清洁步骤如下：

1. 用流水清洗设备表面，但水压不能过高。否则水容易渗入设备的机械部件和电气部件。

2. 如需洗涤剂类强力去污成分，可用温水和中性肥皂泡沫进行擦拭，后用清水冲洗干净。

3. 可使用较软的刷子或专业清洁棒进行清洗。

4. 冲洗完毕后，需及时擦干水或在室温下自然晾干。不可在温度较低的室外进行清洗，以免结冰损伤设备。

5. 在必要位置涂抹专用的润滑油。

6. 避免使用含蜡清洁剂、酸性或溶解性清洁剂，以免发生腐蚀。

7. 最后可重新启动引擎并尝试运行几分钟，若无异常则可关闭设备放置于仓库内。

第三节　压雪机液压系统故障分析及诊断技术

液压系统是压雪机重要的组成部分，也是控制压雪机雪铲、雪犁、绞盘等执行机构的神经系统。因为具备重量轻、安装空间小等优点，它在压雪机上得到了非常广泛的使用。同时，液压传动装置还具有输出速度可连续调节、运动平稳性好、调速范围大、使用寿命长和效率高等一系列优点。因此，液压技术的进步在压雪机的发展和改良上起到了至关重要的作用。随着滑雪产业和压雪技术的不断发展，对压雪机上液压系统的技术要求也越来越高，可靠性与安全性成为压雪机使用者最关心的问题。可靠性高的产品性能比较稳定，而稳定性的好坏直接决定了压雪机能否正常运转。由于液压元件和液压油均在密闭空间内运行，具有隐蔽性，出现故障后很难找到具体原因，不像其他机械故障能很直观地被发现，即使发现问题也常常难以迅速排除故障。所以为了保障雪季正常运营，各大滑雪场基本上都配备两个压雪机作为备用，可见压雪机液压系统故障检修的难度之大、效率之低，这无疑加大了滑雪场的运营成本，造成了不必要的资源浪费。因此，研究一种先进的技术手段来协助维修人员快速高效地完成压雪机液压系统的维修，从而减少滑雪场经济损失和提高工作效率，是现阶段亟待解决的问题。

一、压雪机液压系统概述

（一）压雪机液压系统的组成

一个完整的液压系统由五个部分组成，即动力元件、执行元件、控制元件、辅助元件和液压油。液压系统可分为两类：液压传动系统和液压控制系统。液压传动系统以传递动力和运动为主要功能。液压控制系统则要使液压系统输出满足特定的性能要求，通常所说的液压系统主要指液压传动系统。

常见的压雪机液压系统由行走系统、雪犁系统和绞盘系统三个液压系统组成，分别对应着履带张紧、雪犁升降、绞盘收放等功能，通过和机械动力系统直接的配合，完成压雪机的整个工作过程（如图 3 - 1）。

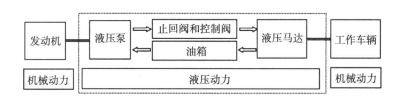

图 3 - 1　压雪机动力系统

不同液压系统可实现对压雪机不同的操作，行走系统可根据气温和雪道雪质情况自动调整压雪机履带松紧程度，同时完成压雪机在雪道上的转向、制动等操作功能；雪犁系统可根据雪道需求实现抬升雪犁、下压雪犁和转换打雪角度，灵活控制雪犁的升降及力量控制等功能。三套液压系统共用一个液压油箱，分别配备液压分配阀和滤器等部件。

（二）压雪机液压系统常见故障与维修

1. 行走系统常见故障与维修

压雪机行走系统常见故障原因和维修的方法（见表3－1）。

表3－1　压雪机行走系统常见故障及维修方法

故障表现	原因分析	维修方法
行走动力不足	1. 发动机故障	1. 对发动机进行检查和维修
	2. 液压泵磨损严重	2. 对液压泵进行更换或维修
	3. 行走液压马达控制阀破损	3. 更换或维修
	4. 液压马达磨损严重	4. 对液压马达进行更换或维修
后退动力不足	1. 单向阀单侧失效	1. 更换单向阀
	2. 变量油缸失灵	2. 修理或更换变量油缸
	3. 主泵的斜盘不灵活	3. 检修主泵斜盘
	4. 伺服阀操纵杆松脱	4. 修理或更换伺服阀操纵机构
刹车失灵	制动器摩擦片磨损严重	调整摩擦片间隙
无法前进，无法后退	1. 主泵泄露或失效	1. 修理或更换主泵
	2. 补油单向阀失效	2. 修理或更换单向阀
	3. 变量油缸失效	3. 修理或更换变量油缸
	4. 伺服阀失效	4. 修理或更换伺服阀
	5. 背压阀失效	5. 修理或更换背压阀
	6. 行走泵或行走马达泄露	6. 修理或更换主泵或马达

2. 执行系统常见故障与维修

压雪机执行机构包括雪铲、雪犁、绞盘等，常见的故障原因和维修的方法（见表3－2）。

表3－2 压雪机执行系统常见故障及维修方法

故障表现	原因分析	维修方法
雪铲无法下落	1. 开关阀失灵	1. 维修或更换开关元件
	2. 电磁阀电路断路	2. 检查电路，接好断点
雪铲调整角度不灵活	1. 液压泵或马达磨损	1. 修理或者更换泵或马达
	2. 联轴器尼龙套磨损	2. 修理或者更换
	3. 马达电磁阀电路断路	3. 检查电路，接好断点
雪犁压实无力	1. 发动机工作异常，功率不够	1. 检查或者调整发动机
	2. 马达磨损严重	2. 修理或者更换马达
绞盘振动异常	1. 油门操纵机构不良	1. 检查、调整油门操纵机构
	2. 发动机转速不适	2. 调定合适转速
	3. 油泵排量有变化	3. 调整油泵排量限制螺栓
	4. 液压系统故障	4. 检修液压系统故障

3. 转向系统常见故障与维修

压雪机转向系统常见故障原因和维修的方法（见表3－3）。

表3－3 压雪机转向系统常见故障及维修方法

故障表现	原因分析	维修方法
不能转向	1. 发动机转速不合适	1. 调定合适转速
	2. 系统油量不足	2. 补充新油
	3. 单向阀严重泄露	3. 修理或者更换单向阀
	4. 转向油缸密封不良	4. 修理或者更换油缸
	5. 比例换向阀失效	5. 修理或者更换比例换向阀
换向缓慢	1. 系统油量不足	1. 检测油位是否适量，添加新油
	2. 发动机转速不适	2. 调定合适转速
	3. 转向油缸内泄漏严重	3. 修理或者更换转向油缸
	4. 比例换向阀内泄露严重	4. 修理或者更换比例换向阀
转向时好时坏	1. 液压油箱中油量不足	1. 检测油位，添加新油
	2. 发动机转速不合适	2. 调定合适的转速
	3. 控制电磁阀不能工作	3. 修理或者更换控制电磁阀

二、压雪机液压系统故障诊断实现过程

（一）选择采集信号

根据实地调研和文献查阅，在液压系统状态监测中监测的主要动态参数有振动噪声信号、油液污染程度、流量、压力、气体含量、温度等指标。在信号采集的过程中，有些信号干扰较大，因此监测上述动态数据存在一定的局限性。所以，一般仿照以下原则确定采集的信号。首先，采集的信号对故障的反应要非常迅速，要求具有较高的灵敏度；其次，在不损坏液压元件的情况下，采集尽可能多的数据；最后，需要采集信号所用的设备不能过于复杂，应操作简单，降低采集设备的费用。

（二）采集信号的处理

数字滤波是指利用算法或软件对采集的数据进行消除干扰的处理，以进一步消除数据中的各式各样无效信息的干扰，使采集到的数据能真实地反映状态。数字滤波的方法有十余种，主要有中位值滤波法、算术平均滤波法和限幅平均滤波法等。不同的数字滤波方法有各种优点和不足，根据对各种数字滤波方法的对比分析，结合液压系统自身的工作原理和信号采集的原则，算术平均滤波法非常适用于液压系统故障诊断的信号处理。

$$Z = \frac{1}{n}\sum_{i=1}^{n}x_i \tag{1}$$

其中 Z 是采集数据的最终平均值；x_i 是第 i 个采集的数据值；n 是最终采集数据的数量。

确定数字处理方法后，需要进行的就是对采集的数据进行滤波处理，甄别出有效的采集信息，一般对于突变数据的处理常运用公式（2）来解决。

$$x(t) = a\mu(t) + by(t - \Delta t) \tag{2}$$
$$|y(t) - \mu t| > d \quad a = 0, \ b = 1$$

$$|y(t)-\mu t|\le d \quad a=1, \ b=0$$

其中 $x(t)$ 为处理过突变数据的最终值；$\mu(t)$ 为初始的采集数据；$y(t)$ 为平滑后的数据；d 是根据实际情况设定的数值。

若发现突变数据或异常数据，应进行多组数据对比分析，若差值大于 d，那么证明此次采集数据为异常数据，则前一次对比数据的采集信息为有效数据，用于故障诊断的判定。

（三）主分量分析法的故障特征提取

对于工程机械的故障检测，不应该只考虑某一处单一的故障，所有机械工程设备都是由多个机构和零件组成的，一个地方的故障，不一定是由该地方的个别因素造成的，可能是由其他部位许多共同因素造成的。这些因素之间会或多或少具有关联性，找出这些相关参数之间的关系，筛查出一些无效的数据，会提高故障诊断的准确性。

1. 具体算法

主分量分析算法主要分为六步。

①采集 p 维随机向量 $x=(x_1, x_2, \cdots, x_p)^T$ 的 n 个样本 $x_i=(x_{i1}, x_{i2}, \cdots, x_{ip})^T$

$i=1, 2, \cdots, nn>p$，构造样本矩阵。

$$X=\begin{bmatrix} x_1^T \\ x_2^T \\ \vdots \\ x_3^T \end{bmatrix}=\begin{bmatrix} x_{11}x_{12}\cdots x_{1p} \\ x_{21}x_{22}\cdots x_{2p} \\ \vdots \cdots\cdots \vdots \\ x_{n1}x_{n2}\cdots x_{np} \end{bmatrix} \qquad (3)$$

②对样本矩阵 X 中的元素进行变换 $y_{ij}\begin{cases} x_{ij}, & \text{对正指数} \\ -x_{ij}, & \text{对逆指数} \end{cases}$，得到：

$$Y=\left[y_{ij}\right]_{nxp} \qquad (4)$$

③对 Y 阵中的元素进行标准变换：

$$Z_{ij} = \frac{y_{ij} - \overline{y_j}}{s_j}, \quad (i = 1, 2, \cdots, n, \ j = 1, 2, \cdots, p) \tag{5}$$

上式中 $\overline{y_j} = \frac{\sum\limits_{i=1}^{n} y_{ij}}{n}$，$s_j^2 = \frac{\sum\limits_{i=1}^{n} (y_{ij} - \overline{y_j})^2}{n - 1}$，得到标准化阵：

$$Z = \begin{bmatrix} Z_1^T \\ Z_2^T \\ \vdots \\ Z_3^T \end{bmatrix} = \begin{bmatrix} Z_{11} Z_{12} \cdots Z_{1p} \\ Z_{21} Z_{22} \cdots Z_{2p} \\ \cdots \quad \cdots \\ Z_{n1} Z_{n2} \cdots Z_{np} \end{bmatrix} \tag{6}$$

④对标准化的矩阵 Z 求样本相关系数阵：

$$R = \left[r_{ij} \right]_{nxp} = \frac{Z^T}{n - 1} \tag{7}$$

$$r_{ij} = \frac{\sum\limits_{k=1}^{n} (z_{ik} \cdot z_{kj})}{n - 1}, \quad i, j = 1, 2, \cdots, p \tag{8}$$

⑤解样本相关系数阵 R 的特征方程：

$$| R - \lambda I_p | = 0 \tag{9}$$

得 p 个特征值 $\lambda_1 \geqslant \lambda_2 \geqslant \cdots \geqslant \lambda_p \geqslant 0$

⑥按照 $CPV \dfrac{\sum\limits_{j=1}^{m} \lambda_j}{\geqslant \sum\limits_{j=1}^{p} \lambda_j} \geqslant 0.85$ 确定 m 值，使信息的利用率大于等于85%。将 n 维向量降为 m 维向量。

2. 故障特征的确定

轴向柱塞泵是压雪机液压系统中重要的元件，具有结构简单、体积小、噪音低等一系列优点，在压雪机中应用广泛。同时，故障发生频率也比较高，一旦轴向柱塞泵发生故障，会对整个压雪机的运转造成直接影响。所以下面以轴向柱塞泵的故障诊断为例，说明压雪机液压系统故障诊断的实现过程。

通过对液压泵工作原理和故障机理的研究，确定压雪机液压系统中液压泵的主要参量（见表 3 - 4）。

表 3 - 4　影响液压泵的主要参量

编号	分量名
1	压力
2	液压泵出口流量
3	转速
4	液压泵温度
5	振动量
6	油液金属含量
7	运行时间
8	出口压力波动量
9	油箱液位
10	内泄漏
11	油箱温度
12	液压泵的出口流量

运用算法，消除无效和多余数据。最终得到故障因子为：出口流量、出口压力、内泄漏量、出口压力波动以及温度。这 5 个关键变量可以作为轴向柱塞泵故障诊断的主要指标，能全面地反映出柱塞泵的实际故障。

（四）基于模糊神经网络的故障诊断

1. 神经网络参数设置

经过长期的使用和发展，基本已经形成了相对固定的神经网络参数设置。参数选择主要分以下几方面：确定输入与输出节点的数目、确定隐含层数的数量、确定隐含层的节点数、选择合理的传递函数、确定网络的学习规则等（见表 3 - 5）。

表3-5 *BP* 神经网络参数设置

参数名称	参数取值
输入节点数	每一个不同的故障征兆对应一个输入层节点，本文取 5
输出节点数	每一个不同的故障原因对应一个输出层节点，本文取 3
隐含层节点数	根据经验公式 $n = \sqrt{n_i + n_o} + a$ 确定，式中，n 为隐层节点数；n_i 为输入节点数；n_o 为输出节点数；a 为 1~10 之间的整数
隐含层数	2
隐含层传递函数	正切 Sigmoid 函数（tansig）
输出层传递函数	对数 Sigmoid 函数（logsig）
初始权值和阈值	使用 rand 函数进行初始化，取（-1，1）之间的随机数
初始学习率	0.01
附加动量	动量因子参数 mc 取为 0.9
训练算法	自适应学习速率动量梯度下降反向传播算法（traingdx）
期望误差	均方误差函数 mse，误差值为 0.000 1
训练步数	初步设为 3 000 次，训练不够可以适当增加

2. 网络的学习训练

运用 Matlab 建立压雪机液压系统故障诊断模型，在统计的数据中，选取部分样本用于验证网络训练进程；剩余样本用于仿真测试网络训练效果。

①将采集到的液压泵出口流量 A1、内泄漏量 A2、出口压力 A3、出口压力波动 A4、温度 A5 五种数据输入参数矩阵

P = ［A1；A2；A3；A4；A5］

②将滑靴破损 B1、配流盘与转子的磨损 B2、柱塞与缸孔的磨损 B3 三种故障置入目标参数矩阵

T1 = ［B1］；T2 = ［B2］；T3 = ［B3］

③建立压雪机液压系统故障诊断网络模型

net = newff（minmax（P），［10］，{'tansig'}，'trainbp'）

④设置初始权值

inputWeights = net. IW {1，1}

inputbias = net. b ｛1｝

layerWeights = net. LW ｛2，1｝

layerbias = net. b ｛2｝

⑤训练参数设置

net. trainParam. show = 50；

net. trainParam. lr = 0. 01；

net. trainParam. mc = 0. 9；

net. trainParam. epochs = 3000；

net. trainParam. goal = 0. 0001；

［net，tr］ = train（net，P，T）；

⑥进行仿真验证和误差计算

A = sim（net，P）

E = T − A

经过学习训练，压雪机液压系统故障诊断模型基本形成。

三、基于模糊神经网络故障诊断的仿真分析

（一）仿真设计

1. 故障模糊化处理

现以压雪机液压系统中关键元件——轴向柱塞泵为研究对象。主要的故障特征参数为 A = ｛A1，A2，A3，A4，A5｝，其中 A1 表示出口流量，A2 表示内泄漏量，A3 表示出口压力，A4 表示出口压力波动，A5 表示温度。与其相对应的故障原因为 B = ｛B1，B2，B3｝，其中 B1 表示滑靴破损，B2 表示配流盘与转子的磨损，B3 表示柱塞与缸孔的磨损。把故障分为 6 个等级，分别是不明显（BM）、略明显（SM）、较明显（JM）、明显（M）、很明显（HM）、非常明显（ZM），5 个参量为正态分布。确定中心值与特征参量之间

关系（见表3 –6）。

表3 –6　柱塞泵故障正态隶属度函数的中心值

	BM	SM	JM	M	HM	ZM
A1	95	92	89	86	83	80
A2	2	3	5	6	8	9
A3	32	31	30	29	28. 25	28
A4	0. 2	0. 3	0. 4	0. 5	0. 7	0. 9
A5	60	62	64	66	68	71

2. 预测模型的训练

网络设置学习速度0.01，惯性系数为0.9，训练误差为0.000 1，训练步数为3 000次，用归一化处理后的数据样本进行训练，加入准则函数：

$$I^s = \frac{n_c}{n_t^s + n_c} \sum_{i=1}^{n_t^s} \{y_i - g_s(x_i)\}^2 + \frac{n_t^s}{n_t^s + n_c} \sum_{j=1}^{n_c} \{y_j^s - u_s(x_i) \cdot g_s(x_i)\}^2 \qquad (10)$$

其中，n_c 是测试评价用的样本数；n_t^s 是训练组内样本数；y_j^s 是训练组内对应 x_j 的输出样本。当 I^s 的值达到预定目标，训练过程完成。

（二）仿真分析

通过模糊处理，根据仿真设计参数，用 Matlab 进行仿真分析。模糊量化后的输入数据和期望输出数据对网络进行训练（见表3 –7）。

表3 –7　训练样本及期望输出

样本号	模糊量化后数据					期望输出值		
1	0. 2286	0. 1292	0. 122	0. 1992	0. 1335	1	0	0
2	0. 209	0. 0947	0. 1387	0. 2558	0. 09	1	0	0
3	0. 1442	0. 088	0. 1147	0. 2563	0. 1347	1	0	0
4	0. 2603	0. 1715	0. 0702	0. 4711	0. 1491	0	1	0
5	0. 369	0. 2222	0. 0562	0. 5157	0. 1872	0	1	0
6	0. 3359	0. 1149	0. 123	0. 546	0. 1977	0	1	0
7	0. 7659	0. 5347	0. 4829	0. 1811	0. 5922	0	0	1

续表

样本号	模糊量化后数据					期望输出值		
8	0.7724	0.6909	0.534	0.2409	0.5842	0	0	1
9	0.8634	0.7258	0.6116	0.1154	0.6074	0	0	1

从仿真试验结果可以看出，将模糊理论和神经网络结合的新技术手段充分吸纳了两种方法的优点，既不需要大量的数据基础，又具备自主学习的功能。这大大提高了故障诊断的实用性，同时具备更高的稳定性和适应性，是一种可以在日常工作中运用的故障诊断方法。

通过最后模拟仿真，集合了模糊逻辑和神经网络两大智能控制方法的模糊神经网络计算方法效果明显、稳定性突出，可以应用于压雪机液压系统故障的诊断中，能够提高压雪机液压系统维修的工作效率和可靠性，而且具有较高的经济价值和实用价值。

拓展阅读

王世同：压雪塑形，雪道上的"雕塑师"

来源：《人民日报》，2022-01-24

正值雪季，张家口崇礼云顶滑雪公园的雪道上，一台台压雪车隆隆作响，往来穿梭。云顶滑雪公园山地运行常务副总经理王世同带领着压雪塑形团队，为北京冬奥会单板滑雪和自由式滑雪大部分比赛的到来做着最后的准备。

"一条优秀雪道的诞生，不能只依赖自然降雪，而是来自山地运行团队的全心付出。"对王世同而言，做好雪道的压雪塑形工作，不仅能为运动员提供高质量的竞赛环境，更是对雪场的尊重。

2021年11月，国际雪联单板滑雪和自由式滑雪障碍追逐世界杯的举行，为王世同团队的工作积累了宝贵的经验。各国运动员对雪道的好评也让王世同充满信心：“我们已经准备好了，北京冬奥会一定是一场精彩的盛会。”

“冬奥会就是我们冰雪人心中的最高目标”

年近 60 岁的王世同是北京人，从事冰雪事业接近 20 年，石京龙、南山、怀北等滑雪场都曾留下他忙碌的身影。

作为一名经验丰富的冰雪人，王世同最初是一名文字工作者，转行更多是源自对体育、对冰雪的热爱。“选择干这个行当，不为别的，就是喜欢。”王世同说，“也正因为喜欢，才能够一直坚持。”

2015 年，伴随着北京获得 2022 年冬奥会举办权的消息传来，为北京冬奥会贡献力量的愿景也在王世同内心深处萌生。“从事一项工作，一定要朝着最高的目标努力。”王世同说，“冬奥会就是我们冰雪人心中的最高目标。”

北京冬奥会赛时，云顶滑雪公园将举办 U 形场地技巧、坡面障碍技巧、雪上技巧、空中技巧、障碍追逐、平行大回转等项目的比赛，来自世界各地的运动员将在这里的 6 条赛道上展开角逐。

王世同 2020 年如愿来到崇礼，成为云顶滑雪公园山地运行团队的一员。他感慨：“到崇礼，是我人生中一次重要选择。冬奥会就在眼前，这可能是我离冬奥会最近的一次，很兴奋，也感到责任在肩。”

看着眼前一台台忙碌的压雪车，王世同说：“我希望圆满完成任务，给运动员留下一段难忘的美好记忆。”

压雪塑形就好像在赛道上“做雕塑”

建设一条优质的雪道，需要造雪、压雪塑形两步。“造雪机造出一个个小雪山，再通过压雪车推平，进行塑形，才能形成高低起伏的赛道，从而满足运动和办赛需求。”王世同说。

多年冰雪从业经验，让王世同对雪质要求非常高：“如果雪太干，像沙子一样，就很难被塑造成固定的形状；雪太硬，很容易凝结成冰，也没法进行压雪塑形工作。”

— 84 —

云顶滑雪公园庞大的人工造雪系统打消了王世同的顾虑。优质的人工雪密度高、强度高、易塑形，能满足压雪塑形团队的需求。而通过采用世界最先进的高效节水设备和智能化系统，优先利用收集贮存的天然降水、地表径流等作为人工造雪的水源，有效避免了水资源的浪费，让云顶滑雪公园的雪"造得放心，用得安心"。

不同于爱好者使用的雪道，冬奥会雪上技巧类的比赛，对赛道的压雪塑形工作有着极高的要求。运动员在比赛中飞越的一个个雪包，在王世同眼中，就像一座座雕塑作品——"压雪塑形就好像在赛道上'做雕塑'，既能为运动员提供符合国际标准的赛道，又能让场地富有美感"。这离不开先进技术的保障，对压雪塑形师提出了极大的考验。

"就像打篮球需要有球感，雪感对于压雪塑形师非常重要。"王世同说，"优秀的压雪塑形师，要能在塑形过程中身临其境去感受，运动员会在空中做什么动作、会在哪个位置落地。"

中国冰雪运动的发展一定会越来越好

2022年1月12日，《"带动三亿人参与冰雪运动"统计调查报告》正式发布。数据显示，2015年北京成功申办冬奥会以来，全国居民参与过冰雪运动的人数为3.46亿人，"带动三亿人参与冰雪运动"的美好愿景成为现实。

得知这一消息，王世同感触良多。"近20年走来，我看到越来越多的孩子走上雪场，越来越多的家长把孩子送到冬令营。"他很感慨，"我们从以前只有几个雪场，到现在拥有几百个雪场，从以前每个雪场可能只有几万游客，到现在的几十万，冰雪运动的跨越式发展，离不开国家对发展冰雪运动的坚持。"

由北向南，从东到西，在北京冬奥会、冬残奥会的带动下，冰雪运动实现了从小众向大众、从区域向全国、从冬季向全年的转变。12座整装待发的冬奥竞赛场馆、遍布各地的大众冰雪场馆、蓬勃发展的冰雪经济，都在为中国冰雪运动跨越式发展不断写下新的注脚。王世同说："北京冬奥会为我们提供了机会，我们要抓住这个契机，培养更多的专业压雪塑形师，为行业的发展贡献力量。"

距离北京冬奥会开幕还有10余天，王世同和压雪塑形团队正进行着赛道定点压雪塑形的工作，做着最后的准备。看着眼前银装素裹的云顶滑雪公园，王世同信心满满："冬奥会一定会很好，中国冰雪运动的发展一定会越来越好。"

服务冬奥、支撑发展：冰冻圈科学的延拓

来源：《中国科学院院刊》，2022 - 04 - 12

冰冻圈科学作为一门自然和人文深度交叉的新兴学科，其目的是认识自然规律，服务人类社会，促进可持续发展。近年来，中国冰冻圈研究实现了从传统基础研究到服务国家重大需求的跨越，这标志着学科的日臻成熟。北京冬奥会是我国重要历史节点的重大标志性活动。早在2016年冬奥会申办成功之初，当意识到国际顶级赛事对雪冰特殊需求"近在眼前"后，冰冻圈科学国家重点实验室即以国家自然科学基金创新研究群体项目（三期）和中国科学院学部院士咨询项目为依托，率先在河北张家口滑雪场开展了观测研究。过去5年以来，冬奥雪务需求牵引着我国冰冻圈科学团队在雪冰物理关键技术环节上集中攻关，推动了学科向应用领域的延拓，取得了预期成果。

冰冻圈科学是以冰川（冰盖）、冻土、积雪、河冰、湖冰等陆地冰冻圈要素，海冰、冰架、冰山等海洋冰冻圈要素，以及雪、霰、雹等大气冰冻圈要素为研究对象，以冰冻圈要素的形成和演化规律为基础，以与其他圈层相互作用为重点，以为社会经济可持续发展服务为目的的科学。冰冻圈科学主要由冰冻圈过程、机理及变化规律，冰冻圈变化的影响机制，以及影响的适应

研究等3个层阶组成。这3个层阶从基础研究到应用基础研究再到应用研究，渐次推进。随着对基础研究科学认识的不断深入，不断推动着冰冻圈科学应用的发展。

冰冻圈应用科学发展的一个重要方向是将冰冻圈研究与社会经济发展紧密结合，为解决国家重大需求和区域可持续发展服务。我国冰雪资源丰富，发展冰雪体育和冰雪旅游产业具有广阔前景。北京冬奥会的成功申办，激发了公众冬季体育热情，为我国冰雪产业发展起到了有力的助推作用。近年来，全国新建雪场每年以几十个的数量递增，各地冰雪资源得以迅速开发，冰雪运动、冰雪旅游得以快速普及。然而，我国冰雪产业起步较晚，现有的冰雪科研队伍尚未涉足这一领域，科研力量薄弱。因此，新时期我国的冰雪产业既面临着难得的发展机遇，又面临着各类挑战。

一、冰川学长期积累奠定了应用研究基础

"以任务带学科"是新中国成立初期较为普遍的科学研究之路，中国冰冻圈科学也不例外。在施雅风领导下，20世纪50年代末中国科学院冰雪利用研究队率先以冰川学、冻土学引入，初衷旨在满足国家社会经济发展建设的需求，主要是解决祁连山冰雪融水资源的开发利用及青藏公路建设中所涉及的冻土问题；并于1965年成立了中国科学院兰州冰川冻土沙漠研究所（1978年分为中国科学院兰州冰川冻土研究所和中国科学院兰州沙漠研究所，现均已并入中国科学院西北生态环境资源研究院）。1966—1976年很多研究一度受干扰而被迫停顿，但冰川学研究在极困难的情况下坚持前进，应用冰川学得到了一定的发展。这个时期，中国科学院冰川冻土研究所开辟了天山西段公路雪崩和风吹雪的实验研究，提出了防治工程设计，还开始黄河河冰观测和力学性质实验研究。20世纪80年代初，中国科学院兰州冰川冻土研究所成立了冰雪物理应用研究室，专门开展积雪、冰川及其他冰体物理和应用基础研究，从而使我国的雪冰物理研究在冰结构和雪的成冰过程、雪冰热学、冰力学和冰川动力学等方面取得了一定的进展。但后来随着我国基础研究出现"向 SCI 论文看齐"的导向，传统冰雪物理应用研究队伍逐渐失散，研究出现青黄不接的局面。

21 世纪以来，中国冰冻圈研究内容不断深入，科学认知水平大幅提高，同时在冰冻圈组成要素形成演化、冰冻圈变化的过程与机理研究，以及基于单点和流域尺度的观测试验及理论等取得重要进展，中国的冰冻圈科学研究实现了与国际接轨，研究工作进入了平稳、快速的发展阶段。中国学者在冰冻圈变化、冰冻圈变化的影响、冰冻圈影响的适应对策等方面开展了一系列研究，取得了系统性成果，基本完成了从基础研究到应用研究的贯通，从而使冰冻圈科学迈向体系化的新高度。

经过长期的学术积累，中国科学家提出冰冻圈科学的概念和理论框架，初步形成了冰冻圈科学体系，率先在国际上建立了以"冰冻圈科学"命名的科研机构——冰冻圈科学国家重点实验室。该实验室将冰冻圈过程与机理、冰冻圈与其他圈层相互作用和冰冻圈变化影响的适应对策确定为主体研究脉络，以期为社会经济可持续发展服务；"冰冻圈科学研究集体"荣获 2021 年度中国科学院杰出科技成就奖。同时，瞄准未来需求，冰冻圈科学国家重点实验室加强青年人才培养，编纂了《英汉冰冻圈科学词汇》《冰冻圈科学辞典》等工具书，撰写了以《冰冻圈科学概论》（中、英文）为主体，15 册本冰冻圈科学分论为辅助的教材体系，并获得首届全国优秀教材（高等教育类）特等奖；在中国科学院大学等全国 8 所大学开设冰冻圈科学普及课程及研究生课程，培养了一大批中青年人才，形成了以冰冻圈科学国家重点实验室为学科发展策源地和思想中心，以中国科学院青藏高原研究所、清华大学、北京大学、北京师范大学、中国气象科学研究院、中国极地研究中心等科研院所/高校研究团队为分支的全国人才布局，这标志着冰冻圈科学的发展已经进入了新时代。

二、冬奥雪务：学科应用研究新机遇

北京冬奥会申办成功之初，全国数百个滑雪场没有一条雪道符合国际雪联的高山雪道标准。针对冬奥会赛事用雪保障的关键技术和冰雪经济发展的国家需求，中国科学院、国家自然科学基金委员会、科学技术部等部门，先后启动了中国科学院学部咨询项目和重点部署项目、国家自然科学基金创新研究集体项目（三期）和重大研究计划项目、国家重点研发计划"科技冬奥"重点专项等。在这些项目的支持下，冰冻圈科学国家重点实验室联合北京师范大学、中国气象科学研究院、哈尔滨体育学院、山东师范大学、河北省气象局、中国科学院南京天文光学技术研究所等科研和业务机构，以及雪邦雪业、亚布力训练基地、国家高山滑雪中心、云顶滑雪公园等国内冰雪产业一流企业，组建了一支由院士指导、中年科学家带队、青年骨干攻关、研究生和产业人员参与的研究团队；研究团队攻克了包括造雪、雪道制作、雪质预测和储雪在内的多个技术难题，研究了气候变化对中国滑雪旅游的影响、冰雪旅游如何助力山区经济可持续发展。

在开展研究的过程中，通过给年轻人压担子，使得一批青年优秀人才脱颖而出。例如，丁明虎、王飞腾、王世金等，目前已经成为科研骨干。同时，也培养了我国第一批雪务保障方向的研究生、滑雪场技术工程师，为"后冬奥时代"我国冰雪产业发展按下"快进键"。这些科研工作，为冰冻圈科学服务国家需求提供了成功经验，也是学科链条延伸的典型案例。

北京冬奥会"带动三亿人参与冰雪运动"，切实将"冷资源"变成了"热经济"。2021 年 7 月 18 日，国务院印发了《全民健身计划（2021—2025年)》，强调要持续开展群众冬季运动推广普及。在"后冬奥时代"，要让冰雪运动的红利持续释放。冰冻圈科学工作者通过部署新领域人才，组建科研院所＋企业相结合的科技创新团队，为保障北京冬奥会顺利举办和推动中国冰雪产业可持续发展提供了智力支持。

针对北京冬奥会雪务保障关键技术和我国冰雪产业的可持续发展战略所开展的大量探索性研究，总结主要进展如下。

三、北京冬奥会雪务保障关键技术

（一）雪场赛道雪质的预报

滑雪场气象条件和赛道雪质是决定比赛成绩的重要影响因素，是国际雪联及运动员判断比赛舒适度和能否进行比赛的关键要素。雪质演变受到局地气象条件的影响显著，局地气象场的预报精度决定了雪质预报的精度；而且北京冬奥会张家口赛区雪场山地地形复杂，增加了使用降尺度技术的难度。研究团队结合动力与统计降尺度方法的优点，提高局地气象场的预报精度；同时，基于气象要素变化影响雪质演变的机理，发展雪质演变物理模型和人工神经网络模型；此外，利用积雪观测资料，系统地研究和分析北京—张家口地区积雪的时空分布，揭示在全球变暖背景下该地区积雪的变化特征和发展趋势，为 2022 年北京冬奥会提供科学的参考。该项研究的关键突破点包括：

1. 以雪厚度、硬度、密度、表面温度、粒径、含水量为主要指标，建立赛道雪质指标的量化标准和等级判别模型；

2. 针对张家口崇礼区冬奥雪场的复杂山地地形，研发动力与统计相结合的气象场降尺度技术，发展高精度气象 - 雪质演变模型；

3. 将雪质监测、预报和判定 3 个模块进行集成，形成雪质监测 - 预报 - 判定系统，进行雪场天气变化风险评估与赛道雪质预警。

（二）不同气候条件和制作流程对冰状雪赛道雪质的综合影响

冰状雪是雪冰体育界约定俗成的一个通俗性称谓，冰川学术语是粒雪冰，其密度介于 0.45 g/cm^3 至 0.83 g/cm^3。北京冬奥会之前，国内滑雪场冰状雪赛道的制作经验较少，大型赛事（包括冬奥会项目）的冰状雪赛道都聘请国外团队制作和维护冰状雪赛道，其技术对外保密。研究团队通过系统研究，并在黑龙江亚布力滑雪场、河北云顶滑雪公园和北京国家高山滑雪中心开展了大量的现场试验，突破国外对冰状雪赛道制作关键参数的技术封锁，研发了适合中国不同气候条件并满足国际大型赛事技术标准的高山冰状雪赛道制作关键技术并形成标准，为国内举办大型雪上项目和冰雪产业发展提供科学支撑。该项技术的关键突破点包括：

1. 确立冰状雪赛道的雪冰物理特性参数指标，形成以雪冰物理特性参数为基础的高山滑雪冰状雪赛道雪质评定标准；

2. 确定冰状雪赛道质量的关键影响因素，针对我国不同气候区域研发"属地化"冰状雪制作技术，编制冰状雪赛道制作的技术流程和实施指南；

3. 研发了冰状雪赛道质量检测专用仪器的研制，包括硬度测量仪和冰雪粒径测量仪。

（三）储雪堆消融动态过程模拟预报

在北京冬奥会期间，根据冬奥会场馆所处的地形、局地气象条件、比赛项目的雪质要求，针对性地制定了"一场一策"的场馆储雪技术方案。赛时，在首钢大跳台和国家跳台滑雪中心储雪 7 000 m³，确定了储雪堆设计方案，并能对雪堆体积和内部雪质实时监测，从而为赛事用雪提供应急保障。研究团队利用数值模拟方法分析不同覆盖材料的绝热保温性能表现，评估各种可能的储雪覆盖方案，讨论最佳储雪方案。在此基础上，研发了"储雪堆智能设计系统"，实现属地化"量身定制"的储雪堆设计，克服传统设计方案推广性差、无法预判效果等弊端。该项技术的关键突破点包括：

1. 研发"储雪堆智能设计系统"，实现在不同气候条件、不同隔热材料配置方案，以及不同地形条件下，最佳储雪堆几何形态方案的自动设计；

2. 建立了雪堆内部雪质监测系统，通过分析雪质监测数据和周边气象数据，对储雪过程中出现的风险进行科学评估，确定风险等级，提出应对方案。

（四）高效能造雪模式集成技术

北京冬奥会之前，国内在广泛应用人工造雪过程中，基本采用国产的低效人工控制操作设备或引进国外的大功率高压力直供和接力的半自动、自动化系统，并且要根据每个雪场的具体条件和需求进行专门的单独设计和施工。因此，具有操作不便、效率低下、运行成本高、投资过大、系统建设对环境破坏和影响较大的不利因素。2022 年北京冬奥会滑雪场地类型复杂，造雪受到多种因素影响。在研究我国适合开展滑雪运动的地理条件的基础上，设计多模式网络造雪系统，满足了不同项目滑雪场地的造雪需求，包括对场地整体进行划分，形成不同区域和多个相关的独立子系统，以适应不同海拔、温度、湿度的变化，提高造雪系统的运行能力和效率。该系统的关键突破点包括：

1. 研发了高效造雪系统模块优化集成技术，对滑雪场泵站集成模块、造雪水处理集成模块、造雪管线模块和泵站模块进行集成，实现了智能模块集成设计；

2. 开发了智能网络化控制软件技术，针对高效人工造雪系统特点和智能网络化控制需求，构建基于安卓（Android）平台与本地、混合和移动网络（Web）架构的智能网络化人工造雪系统中泵站控制系统。

四、以冰冻圈服务引领冰雪产业可持续发展

"冰天雪地也是金山银山"，冰冻圈服务指人类社会从冰冻圈系统中获得的所有惠益。冰冻圈服务以供给服务、调节服务、文化服务和支持服务等给冰雪地带的人们带来福祉。为此，工作组开展了大量研究。

（一）评估了滑雪产业的自然禀赋和未来风险

1. 滑雪产业发展对气候资源和地理条件依赖度极高

基于历史气象观测和地形数据，研究揭示了我国积雪资源的自然禀赋，发现稳定积雪区即东北地区、新疆北部和青藏高原等地的积雪丰度相比于欧洲西部和北美等地较为薄弱，目前的滑雪产业发展主要依靠人工造雪。研究显示，我国人工造雪潜力高值区主要分布在"横断山—秦岭—太行山—燕山"一线的西北部地区，整体呈现"西北多，东南少"的空间分布特征。综合考虑地形、积雪和气候等要素，我国滑雪旅游发展的自然适宜区主要集中在东北地区的长白山和大、小兴安岭地区，西北地区的天山、阿尔泰山、祁连山等地，以及华北地区的燕山、太行山、吕梁山等地，因此应将这些地区作为重点发展区域。

2. 气候变化已经成为滑雪产业发展面临的最大挑战

在全球气候变暖背景下，我国滑雪场未来可用的自然降雪量下降、人工造雪窗口期缩小，滑雪场发展的自然适宜度降低。到21世纪中叶，滑雪场发展的自然适宜度只在RCP2.6情景下呈现先下降后上升趋势，在RCP4.5和RCP8.5情景下则持续降低，并且滑雪旅游发展的自然适宜区逐渐向高纬度、高海拔地区转移。为此，我国在大力发展滑雪旅游的同时，应充分考虑气候风险，构建适应气候变化的滑雪旅游新发展格局，以促进我国滑雪旅游可持续发展。

（二）聚焦贫困山区乡村振兴战略和生态文明建设，给出了冰雪产业发展建议

我国冰雪资源富集区主要位于高纬度、高海拔山区，也是贫困度发生度较高的地区。中国原832个贫困县（现均已脱贫）中，位于冰川资源富集区和稳定积雪区的占比分别为15.0%和26.4%。随着我国脱贫攻坚战取得了全面胜利，山区的交通、通信和基础设施得到改善，丰富的冰雪资源为巩固山区脱贫攻坚成果、发展冰雪经济提供了基础。研究组对此开展了系统研究。

综合考虑冰雪旅游发展的自然因素和社会经济因素，研究了原14个集中连片特困区冰雪产业发展的适宜性。结果表明，适宜发展冰川旅游的乡村振兴重点区，主要位于除羌塘高原外的西藏全境、四川省藏区和新疆南疆三地州等高海拔地区；适宜发展滑雪旅游的乡村振兴重点区，主要位于燕山—太

行山区、吕梁山区东北部、六盘山区西部、大兴安岭南麓山区、大别山区北部等低海拔山区。冰雪旅游将成为这些脱贫成果尚不稳固的山区经济发展的重要激活因子，对于防止返贫、推进乡村全面振兴具有较大的发展潜力。

考虑冰雪旅游富集区同时也是生态环境较为脆弱的地区，建议在发展冰雪旅游的同时，应注重生态环境保护，要坚持生态优先、绿色低碳理念，注重与科教、传统文化相融合，坚持高质量发展和环境保护并举。一方面，政府部门应加强主导作用，整合优势资源，制定相关政策，促进山地、积雪资源的合理开发和利用，切实将资源优势转化为产业优势；同时，树立"地铁式经济"理念，以点带线、以线带面，助力山区可持续发展。另一方面，滑雪产业利益相关者应全面考虑自然资源潜力、致灾可能性和气候变化风险，根据实际情况进行短期和长期规划，避免资源浪费。此外，相关部门应为旅游区脱贫人口提供就业培训，提高旅游服务质量，确保山区高质量发展，实现"物质"和"知识"上双脱贫的目标。

五、未来需求与展望

伴随着北京冬奥会的顺利举办，以及武大靖、苏翊鸣、谷爱凌等运动员相继摘取奖牌，冰雪运动已成为各大社交媒体炙手可热的讨论话题，大小雪场都变得异常火热。此次盛会已向全国普及了冰雪运动和冰雪旅游，极大地激发了人民群众参与的热情，冰雪产业不再是东北地区的"专属品"，已经形成了"三足鼎立、两带崛起、全面开花"的新格局。除了拥有天然积雪资源的东北地区、京津冀和新疆，以西藏、青海为代表的青藏高原冰雪观光旅游带和以川贵鄂为代表的中西部冰雪休闲旅游带正在崛起。同时，山清水秀和温暖的南方地区也在打破时空限制，发展冰雪经济。然而，我国冰雪产业仍处于起步阶段，虽然取得了一定进展，但核心技术的掌握仍需要时间消化吸收；目前，我国滑雪产业存在区域同质化严重、产业链不完善、产业间融合度低、服务保障基础设施不完善等问题；此外，冰雪物理研究、雪场/滑冰馆、运动员等竞技体育的各个环节，未能有效贯通，未能形成竞技运动的全链条保障体系。

因此，研究团队将持续加强包括面向应用的冰冻圈基础科学、冰雪旅游在内的全国冰雪产业发展研究，因地制宜，宜冰则冰、宜雪则雪，以实现冰雪产业的可持续发展和绿色低碳路径。进一步开展不同雪上项目冰雪物理基础研究，特别是不同温度、湿度和压力（包括风速）等组合条件下雪粒的形成，粒径、密度、水分和硬度等的变化，雪层内部黏聚力和表面摩擦特性，以及风雪流和雪雾的影响；开启应用冰学的自主技术研发，加强滑冰场建设和维护中的有关冰物理参数研究和成冰技术研发；启动不同天气/环境状态下冰气交换物理特性对冰/雪面力学特性的影响研究，进而研究冰面状态和冰刀之间、雪面黏滞特性与雪板之间力学反馈。最终，能为冰雪运动竞技场地、运动员提供"一对一"的专属科技服务，尽快达到以挪威、德国、瑞士为代表的冰雪产业科技支撑水平，帮助我国运动员在高山滑雪、冰球和冰壶等项目上取得突破。

第四章

雪场运载系统

雪场运载系统主要包括雪地魔毯、雪场拖牵、雪地缆车、索道等。

第一节　雪地魔毯的原理与应用

一、雪地魔毯简介

目前国内中小型滑雪场的输送设备主要以魔毯为主，是滑雪场中利用率较高的传输设备。它具有运行平稳、安全可靠、速度可调、能耗低、成本低等众多优点，同时耐用性也比较好。滑雪场魔毯可以通过连续或间歇运动来输送滑雪者。不论是老人、儿童、初学者还是资深滑雪发烧友，都能够自如使用。因其乘坐安全、操作简单、管理方便等特点，深受游客及滑雪场经营者的推崇。对于雪场的工作人员来说，雪地魔毯的运行及维护也相对比较简单。

雪地魔毯采用性能优异的输送带作为承载面，通过电机和减速机进行动力传动，需在雪场专用导轨中运行，整体结构较为简单。但它的承载力巨大，适用于人数较多的初中级滑雪场，可一次性运输大量滑雪者。它的搭载量相当于一条 4 人吊椅索道或 5 条托牵的运量。

雪地魔毯如同生产线中常见的传送带，在坡度高低合适的情况下，可顺利地进行连续运输。由于魔毯的橡胶带可提供较大的摩擦力，使滑雪者不会滑落，稳定性很强。但对于魔毯的安装有一定的要求：首先，输送带与上下站口的平层要求有较高的精确度；其次，雪道所处地形的高低位差不可过大，陡峭的地形是无法安装和使用雪地魔毯的。

二、雪地魔毯的主要结构

（一）输送带

表面用具有高摩擦、防滑花纹的天然橡胶皮带制成，具有防滑和防老化的特性，能够承受 –40 ℃的低温。

（二）驱动滚筒

驱动滚筒是魔毯动力传递的主要部件。

（三）托辊

托辊用以调整输送带横向位置，避免偏移。

（四）张紧装置

输送带必须具备必要的张力，以免在驱动滚筒上打滑。通过张紧装置则可实现该要求，同时可控制输送带在托辊间的挠度，保证参数在规定范围内。

（五）电控系统

该装置安装在魔毯上部的顶站上，主要部件是变频器（用来调速）和电脑控制器控制机柜，用以控制魔毯的开关及速度。

（六）安全系统

由于滑雪者穿着装备时行动不便，雪地魔毯上经常会发生游客站立不稳、不慎摔倒的情况，很容易造成被传输带连续拖拽的事故。因此，保护乘客安全的安全系统尤为重要，安全系统包含如下装置。

1. 设备保护

全设备电气过载和漏电保护急停按钮,在设备运行中一旦发现异常情况,操作人员按下按钮即可紧急停止运行。

2. 安全挡板

魔毯的挡雪板通常采用超耐磨材料,若有异物进入时,则会在 2 秒之内停止运行。

3. 远程操控

通过远程操控,一般可在 500 米范围内遥控起停。

4. 超时停滞

若游客在出口处停滞时间超过正常值,设备应自动紧急刹车。目前市场上高级雪地魔毯还设置了许多智能系统。

(1)智控节能系统:可在无人乘用时,通过试动传感器感应后,自动触发变频器减速至停止;有人登上魔毯时自动将变频启动到原速。

(2)游客统计系统:可自动通过人数识别装置统计乘客数量,参与整个雪场的物联系统,方便雪场管理和调整营运时间。

(3)故障在线诊断系统:可通过液晶屏上的图形模拟显示故障内容和故障发生的位置。

(4)自动融雪系统:可自动融化余雪,防止雪花积满机器内造成结冰和毯带打滑。

(5)自动除雪系统:可自动扫除魔毯传输带表面的残雪,防止摔倒。

(6)电柜加温系统:在温度较低的室外环境,可保证控制系统正常运行。

三、我国滑雪场雪地魔毯设施发展现状

魔毯是滑雪场内最常用的传送设备,具有运行平稳、运输量大、控制简易、维修方便等特点,广泛用于初级雪道,近年来需求量逐渐增大。

目前我国滑雪场内魔毯设施逐渐走向国产化，2007 年之前，滑雪场内魔毯总投入量较少，2007 年后，新增魔毯数量逐渐增多，国内滑雪场内初级雪道应用魔毯的比例高达 65%。国产魔毯的单条长度已经达到 450 米，由北京国游索道工程技术有限公司完成。

根据道沃机电官网网站公布的数据，2015 年新增魔毯数量 164 条，新增魔毯总长度已超过 2 万米。自 2007 年以来，我国滑雪场投入运营的魔毯总数为 619 条，累计总长度约为 92 062 米，平均每条魔毯的长度约为 149 米。魔毯在各个雪场中基本实现了国有化，魔毯品牌主要来自沈阳娅豪滑雪服务有限公司、北京国游索道工程技术有限公司、固安道沃机电有限公司等（见表 4-1）。

表 4-1 国内主要魔毯制造企业

公司名称	总部	成立时间
北京诺泰克冰雪体育用品有限公司	北京	2015 年
北京中海中科冰雪设备有限公司	北京	2007 年
北京国游索道工程技术有限公司	北京	1996 年
北京国游索道工程有限公司	北京	1999 年
沈阳娅豪滑雪服务有限公司	沈阳	1996 年
固安道沃机电有限公司	廊坊	2006 年

沈阳娅豪集团已经研制出第七代魔毯，在国内的各大雪场均有投入使用（见表 4-2）。

表 4-2 沈阳娅豪集团魔毯部分销售滑雪场

序号	滑雪场名称	所在地区
1	怀北国际滑雪场	北京
2	天津蓟州国际滑雪场	天津
3	黑龙江亚布力滑雪场	哈尔滨
4	青海金帝顺滑雪场	青海
5	甘肃省平凉市滑雪场	甘肃
6	青岛藏马山滑雪场	青岛
7	重庆红池坝滑雪场	重庆
8	大连金州滑雪场	大连

道沃机电、北京中海中科冰雪设备有限公司及北京诺泰克冰雪体育用品有限公司自主设计、研发及生产的魔毯已经应用在各大滑雪场中，道沃机电的产品销售更是占中国市场的77%，部分魔毯远销国外，成为同行业的领头羊。

第二节　雪地魔毯的维护保养方法

雪地魔毯的出现大大减少了滑雪者体能的消耗，节约了人们步行攀登的时间，是雪场正常运营的必需设备。为提升滑雪者乘坐魔毯的安全感受、提高滑雪场的经营业绩，做好魔毯的维护及保养工作是雪场工作人员的重要工作。良好的保养方法不仅能让魔毯在多个雪季中保持崭新如初，还能有效延长雪地魔毯的使用寿命。

一、雪地魔毯维护保养工作中的注意事项

1. 滑雪场工作人员需要定期查看电控箱、插头、线路有无破损现象，如发现问题，需第一时间进行修补和更换。

2. 仔细清理雪地魔毯的零部件及装置间缝隙。较为精密的重要部位应由专业技术人员进行检修保养，切记先关闭电源。

3. 每次在魔毯使用前，应试运行几分钟，细心查看魔毯启动时有无异常响声，传输带的运行速度是否平稳。

4. 定时检查魔毯的轴承、轴座、轴承皮带的结合度，及时涂抹润滑剂。定期检查油位指示情况，及时补充润滑油。

5. 在魔毯停机前，需要检查传输带表面是否残留积雪或异物。应避免细小杂物、泥土通过输送带进入设备造成故障。

6. 长时不使用雪地魔毯时，需将魔毯覆盖，避免太阳直射，并做好阴雨

天的防潮工作。

二、滑雪场雪地魔毯的故障排除

（一）魔毯无法启动

造成这种故障的原因较多，供电系统出现故障的概率较大。工作人员可通过检查配电柜的上游电源指示灯进行判断，灯灭证明电源丧失，可派遣电力技术员对上游供电线路进行进一步排查；否则，可考虑下游线路故障导致的启动失败。打开魔毯电控系统装置检查前，一定要确保完全断电的情况下才能进行。也可直接联系厂家专业人员，由厂家进行指导检查。有些时候，紧急停车按钮被按下后，也会造成魔毯无法启动，此类原因虽简单，但往往容易被忽视。

（二）传送带卡带

此类故障通常发生在夜晚出现低温后，或清晨启动时。工作人员可通过检查魔毯的传输系统，判断是否因为融雪重新结冰从而导致传输带冻结后卡涩。这种情况下，应该启动加热装置对传送带进行预热，待结冰融化后再重新启动。

出于对设备安全性的考虑，每次启机之前都应使用加热装置运行一段时间后，再转为连续运行。

（三）运行声音异常

如工作人员发现设备运行过程中出现异常噪音，则可能由于传送带张力过大或过小导致，工作人员应重新检查张紧装置。另一种可能原因为滚动轴承损坏，此时问题较为严重，必须停机检修。

（四）魔毯停车，无法重新启动

正常运行过程中，魔毯会突发紧急制动，且无法重新启动。如是安全保护导致此动作，工作人员应及时调查保护动作触发的原因，在消除原因后重新启机。触发自动保护动作的原因很多，可能为电路系统接地故障、魔毯超负荷、牵引辊故障、魔毯下客区域有异物卡入等。

第三节　雪场拖牵原理及应用

目前，滑雪场常见的拖牵装置是通过拖牵吊具牵引滑雪者滑行。滑雪者身体面向前进方向，将拖牵的托盘放在两腿之间托住臀部，站立跨骑式滑行。此方式符合双板滑雪者的正常滑行姿势，可以让双板滑雪者有较为舒适的运动体验。但由于单板滑雪者是侧向前进的滑行方式，与该装置匹配度较低，难免会感到不够舒适和不稳定。因此该装置已逐渐被新型传输装置取代。

滑雪场拖牵索道按照结构可分为单线循环、固定式抱索器、伸缩杆式、单人拖牵形式。主要由动力驱动装置（驱动站）、迂回装置（迂回站）、张紧装置、线路支架、伸缩杆式拖牵装置、运载索（钢丝绳）、导向装置、控制系统及安全系统等部分组成（如图4-1）。

图4-1　滑雪拖牵

以下将详细介绍拖牵的各组成部分。

一、动力驱动装置

该机构由摆线针轮减速机、直联电机、主动轮及支架四部分组成,电机与减速机连接后再带动主动轮旋转,利用摩擦力带动钢丝绳做连续循环运动。

二、运载索及伸缩杆式拖牵装置

运载索是一条无极环形钢丝绳,绕于驱动轮和迁回轮上,中部支撑在各线路支架上的托或压索轮或轮组上。伸缩杆式拖牵装置通过固定式抱索器等固结于运载索上。当运载索运动时,带动拖牵装置一起运动,滑雪者若需上山,可抓住牵引伸缩杆,随运载索的上行而将自己牵引至山上。

三、上站迁回轮及重力调整张紧机构

由两个轮体及支架组成浮动的迁回轮机构,在迁回站设有重锤张紧装置(配重),可牵拉迁回轮纵向移动,以保证运载索始终处于张紧状态运行,即保持一定的初张力。

四、上、下站台电气控制台及主电气控制柜

主电气控制柜可控制全套电路的各种动作,以满足使用需求。工作人员仅需通过操作上、下站台的电气控制台各按钮,可以完成启动、停止、上下站台互通信号等动作。

五、安全装置

为了保证运载索正常运转,在靠近上、下站台的支架和中间支架上分别装有防止钢丝绳从轮槽脱出的保护装置。如钢丝绳脱出,则会碰上行程开关,拖牵会自动停止。上、下站台处也分别有保护乘客的胶管护栏。

第四节　雪地缆车原理及应用

缆车，又叫索道，是滑雪场常见的一种交通工具，它利用悬挂在半空中的钢索，承托及牵引滑雪者。第一架滑雪缆车是由德国人罗伯特·温特哈尔德于1908年建造的。滑雪索道一般设置在15°～25°的陡坡上，除了车站外，一般会在半途每隔一段距离建造有承托钢索的支架。部分索道选用吊挂在钢索之下的吊厢，有的索道则不选择吊厢，乘客需坐在半开放式的吊椅中。由于乘客通常穿着滑雪装备，不方便出入吊厢，所以运用吊椅的索道在滑雪场更为常见（如图4－2）。

图4－2　雪地缆车

索道一般都采用电力驱动，能耗较低，一般仅为汽车能耗的5%～10%左右，节约能源，且对环境污染小。目前索道设备已实现了机械化、自动化操作，工作人员需求量小。但作为空中载人运输工具，必须实现可靠运行，它的安全级别等同于飞机，对设计、制造、安装、使用和管理的要求较高。

索道缆车按照设计原理可分为以下几大类。

一、单线式索道

运用一根钢索支撑吊车的重量，同时牵引吊车或吊椅。虽然结构设计较为简单，但是单线式缆车安全性较低。

二、复线式索道

运用多条钢索，其间用作支撑吊车重量的一或两条钢索不会移动，其他钢索负责拉动吊车。

三、往复式索道

索道上只装有一对吊车，当其中一辆上山时，另一辆则下山。两辆车同时抵达车站后，再各自向反方向运行。这种往复式吊车容量更大，每往返一次载客量可达到每辆 100 人左右，同时具备较强的动力，抗风力及安全性也更好。此类往复式索道的速度可达 8 m/s。

四、循环式索道

索道上会有多辆吊车，众多吊车通过一圈钢丝支撑和链接，挂套在两端的驱动轮及迂回轮上。当吊车或吊椅由起点触发抵达终点后，会经过迂回轮回到起点再次循环行驶。此类索道需具备张紧装置，以保证运载索具有一定的初张力，该装置是利用摩擦原理带动运载索做循环运动的重要机械设备。乘客上、下车一般在站房前端特定区域进行，到达下客区域时，不允许乘客不下车通过驱动轮和迂回轮。该类索道站房配置紧凑且支架占地少，可按实际地形随坡就势架设，无需修筑桥梁，对自然环境的破坏小。

五、固定抱索式索道

吊车或吊椅固定在钢索的特定位置上，正常运行时不会与索道发生相对运动，所以同一根钢索上所有的吊车都拥有相同的速度。这种索道设计比较简略，但缺点是速度不能太快（一般为 1 m/s 左右），否则乘客没有足够时间上车。有的固定抱索式索道更为复杂一些，采用脉动式运行方式，即把吊车分为 4、6 或 8 组，每组由 3 ~ 4 辆吊车组成，组与组之间的距离相同。

六、脱挂式（非固定抱索式）索道

即脱开挂结式，用一条无极的钢丝绳套在索道两端的驱动轮和迁回轮上，经过张紧设备使之坚持必定的张力。驱动轮带动钢丝绳以 6 m/s 的速度独立进行运转。吊厢进站后，脱挂式抱索器经过脱开器将吊厢与运载索脱开，经过减速设备将吊厢速度减到 0.3 ~ 0.4 m/s，随后开门组织将吊厢门打开，乘客在指定的位置下车。随后，推车设备将吊厢迁回至索道另一侧，待乘客上车后，关门装置将车门关闭，然后吊厢经过加快设备加速至与运载索等速，设在站口的挂结器将抱索器挂到正在匀速运动的索上。吊厢经一系列的安全检测后出站。此类索道运转速度一般不大于 13 km/h。为适应线路的地势条件和乘坐的舒适性，载人车厢的座椅应与水平面平行，以便于人员上下。脱挂索道是未来的趋势，具有运量好、安全系数高的特点，但是相对于传统索道造价贵、设计复杂，对地势的适应性较差、长距离运送效率低，也在一定程度上限制了它的应用。

第五节　几种典型索道工作原理以及特点

一、采用固定式抱索器的单线循环式索道工作原理及特点

采用固定式抱索器的索道是滑雪场最常见的索道，其在运行过程中，无论站内还是站外，抱索器始终与钢索固定联结在一起。固定式抱索器的吊篮式索道及吊厢式索道是由吊椅索道进化而来的，相较于吊椅索道，乘用者安全感更强，目前在滑雪场也被广泛使用。

其中，抱索器是架空索道的核心部件。随着人们对抱索器运行时的安全性提出了越来越高的要求，从前出现的安全隐患也被给予了足够的重视，性能也逐渐得到了完善。

索道除了上站、下站之外，还会根据雪场地形要求设立中间站供乘客上下车。当车厢在运转中发生超速、过载、越位、停电、断绳等事故时，都会有相应的安全措施保证乘客的安全。

固定式抱索器吊篮及吊厢除了具有吊椅索道的一般优点之外，还有以下特点：一是允许较大的离地高度（吊椅索道允许最大离地高度为 8 m），吊篮规定允许离地高度 25 m，而吊厢侧可达 45 m；二是比吊椅安全感更强；三是舒适美观，免受风吹日晒雨淋之苦；四是由于是固定式抱索器，考虑到游客上下车的便利，速度应该低于吊椅索道；五是站房内要设置吊厢导向装置，防止上下车时吊厢晃动。

该种索道的优点：

1. 钢丝绳兼做承载和牵引之用，索系最简单。

2. 抱索器固定在运载索上，可以使载荷均匀分布。

3. 钢丝绳的张力小于往复式索道，因此土建结构的受力较小，建筑工程

量相对更少。

4. 建设工期短，投资更少，维修相对方便，经营费用低。

5. 输送能力可以不受索道的长度限制。

但是固定式抱索器索道也存在一些缺点：

1. 如果索道在恶劣天气停运时吊具不能收回站内，严重影响吊具的使用寿命。

2. 由于吊具在站内不脱开运载索运行，它的最大速度受到乘客上下吊具安全要求的严格限制，因此运输能力也相应受到影响。

3. 抱索器固定点的运载索区段易发生疲劳损坏。

二、脉动式吊厢索道的工作原理及特点

这种类型的索道在线路配置上与固定式抱索器吊椅式索道基本一致，主要区别在吊具的配置和运行的方式上。它的吊具不是沿线路全长均匀分布的，而是成 4 组或 6 组（每组吊厢的数量相同，可以是一个，最多可达 4 个）等距离挂在运载索上，当吊厢进站后（两边同时进站）索道减速运行，速度降至 0.3 ~ 0.4 m/s，方便吊箱内乘客下车。出站后开始加速，速度加至 3 ~ 4 m/s，在整个运行过程中它不是匀速运行，需要频繁地调速。

单线循环脉动车组式索道是在单线循环固定式抱索器吊椅式索道基础上发展起来的，由于它结构上自身的特点，使它比单线固定式抱索器吊椅式索道对自然环境方面有了更广泛的适应性，这种索道兼顾了固定式索道结构简单、维修方便和脱挂式抱索器索道上下车方便的优点，且土建工程量少，所需投资金额也少。一般比较适合于地形复杂，如地势起伏比较大的条件及跨越江河、海湾等，长度在 1 000 m 左右的线路。

三、脱挂式索道的工作原理及特点

循环脱挂索道由于具有运量大、可连续快速发车等特点，近年来在需要大运量的应用场合得到快速发展。脱挂索道的客厢是用活动抱索器夹紧钢绳，由钢绳带动客车在线路上以高速运行；进站时活动抱索器通过站口的脱开器打开抱索器，使客车与钢丝绳脱离，并由抱索器上的行走轮转移到站内轨道上运行；客车在出站时抱索器通过挂接器咬合钢绳，由钢绳高速带动行驶在线路上。这样，客车就实现了在站内以低速运行，方便上下乘客，而在线路上又可以实现高速运行的目的。客车等距离发车、等距离连续进出站而形成循环系统作业。

脱挂式索道也分单线循环式和双线循环式两个种类。单线循环式只有一根运载索，而双线循环式则同时运用承载索和牵引索。由于双线能承受的力量更大，故双线循环式的运载量要比单线循环式更大，由于其结构相对复杂，维护成本大，投资大，不适宜一般的旅游地区使用。故双线循环式客运索道逐渐被单线循环式索道所代替。该种索道具有以下优点：

1. 连续性运输，线路速度高，运输能力比较大。

2. 该类索道吊厢不能太大，采用座式吊厢，乘坐比较舒适，视野开阔易于观景。

3. 候车时间短。由于连续运输，吊厢之间间隔时间短，故乘客候车时间短；由于脱挂索道在线路高速运行，故运行时间比固定式抱索器索道短。

同时，该种索道也具有以下的缺点：

1. 由于脱挂索道站内设备多，占投资比重大，对于投资者来说经济性相对较差。

2. 设备比较复杂，可能出现故障的概率大，检查维护要求高。

四、往复式索道的工作原理及特点

这种索道的布置形式是两侧各用一根或两根钢丝绳（称作承载索）作为运载工具的轨道，由牵引索牵引客车沿承载索往复运动。牵引索经过驱动轮的部分称为首绳，位于客车尾部用于拉紧用的平衡索叫作尾绳，牵引索和平衡索分别固定在两侧的运载工具上。但牵引索不能循环运转，而是带动客车在两站之间做往复运动。客车进入两端站房停车后，乘客上下车。

往复式索道适宜于架设在地形陡峭、距地高、距离短、高差大的跨河登山地带。客运索道运输量按每小时单向运输的乘客的人次计算。往复式索道的运输量，受到运输距离的影响，一般为 200 ~ 600 人/时。每辆客车可乘人数也有较大差异，小型客厢可乘几人、十几人，大型客箱可乘百余人，索道运行速度常用 5 ~ 7 m/s。

往复式索道的优点如下：

1. 爬坡能力大，可承受跨度大，车厢允许的离地高度可超过 100 m。所以此类索道适宜于架设在地形陡峭、距离短、跨度大、高差大的跨河登山地带。

2. 车厢数量少，起止点之间的支架少（有的往复式索道无须支架），便于检查维护。

3. 运行效率高、耗电少，运输量大，也可用于运输重物往返。

但该种索道也存在相应缺点：

1. 运输能力与索道的长度成反比，承载量会受到地理位置的限制。

2. 由于车厢单次承载人数多，故游客候车的时间较长。

3. 该类索系比较复杂，站房承受水平力较大，需要特殊承压材料，造价较高。

4. 吊厢和支架的受力巨大，一旦发生故障，易产生较大的影响和损失，故检修和维护的要求更高。

第六节 索道常见故障的处理

循环脱挂抱索式索道相对于其他类型的索道，其结构较为复杂，控制保护系统更为完善，提高了系统运行的安全性能的同时，复杂系统的故障率也随之增加。

循环脱挂抱索式索道主要有以下几大类故障，分别为仪控系统故障、供电系统故障、驱动单元故障以及液压机械故障。

一、仪控系统故障

仪控系统相当于整个索道系统的神经中枢，是每个运行步骤的指挥台。此类故障往往会造成索道系统稳定性与安全性的下降，甚至导致整个索道系统的瘫痪，因此务必要引起重视。仪控系统的故障常是由于系统的不稳定导致错误的信号，从而引发报警或是停车。

（一）监测系统不稳定导致的抱索力故障信号报警

抱索器是索道系统的核心部件之一，与绳索一样，是对可靠性要求最高的设备。抱索器如果发生故障，比如抱索力故障，往往会导致坠厢的严重后果。因此，一旦出现抱索力故障信号，马上会引起运行中紧急停车。

索道运行过程中，一旦出现此类故障，首先要做的是确认此信号是真实故障信号还是误触发信号。工作人员需迅速找到故障报警点，在确认故障不会进一步扩大，新发出的车厢不载客的情况下，可考虑临时解除抱索力开始检测、抱索力结束检测以及抱索力检测等装置，来确认报警信号是否是真实信号。如果是真实信号，按照机械故障处理预案进行处理，如果不是，则要对信号采集一直到电脑控制器机柜的传输通道进行逐一排查，来确认每个传输模块的工作状态。通常此类故障是由模块故障导致。

（二）信号端子接触不良引发"安全回路故障"报警信号

索道系统的信号回路作为"神经系统"在安装设计上必然考虑了信号干扰问题，但是在实际安装过程中，安装距离长、自然环境恶劣等因素还是不可避免地影响信号的传输，给控制报警系统增加了信号故障发生的概率。

故障现象：索道正常关机后启动，回转站首先进行控制电源送电，设备自检显示正常；驱动站控制电源送电，设备自检后出现"安全回路故障"报警信号，无法复位。工作人员进一步观察发现电脑控制器安全回路正常信号的输出端，确实没有信号输出，证明安全回路存在故障。在没有关闭驱动站控制电源的情况下，重新插拔两站之间的通信电缆接头，这时"安全回路故障"消失，系统复位，设备能够运行。

故障解决：这种现象表明"安全回路故障"报警信号为误触发信号，而且信号来源不是信号的产生端，否则在重新插拔两站之间的通信电缆接头后，报警信号不会消失。因此导致故障信号只存在两种可能：一是回转站传下来的信号就是误触发信号，这包含回转站向驱动站的信号传输过程中出现错误和老回转站内出现信号错误两种情况（参考信号传输原理图）；二是驱动站对回转站传下来的信号没有正确识别。

因为之前系统运行一直正常，只是第二天关机后重新开机不能复位，这种现象通常是电脑控制器安全通信线路偶发故障导致，这种故障的查找一般可以通过两种途径查找：一是通过联机软件查看系统程序中的数据模块的显示情况，正常的模块应该显示0，如果模块显示为1，该模块对应的数据通道则存在故障；二是对外部的硬件进行检查，查看是否存在接线故障或者继电器故障等。

对外围硬件进行检查时，首先应试验回转站的所有停车按钮，接着再对两站联系的安全继电器进行检查，这时如发现电脑控制器输入输出卡的端子排有虚接现象，则可判断由此造成送往回转站的"测试安全回路"信号在传输过程中丢失，处理后系统即可恢复正常。

故障机理：回转站不能可靠地接收到驱动站"测试安全回路"信号时，会发生"安全回路故障"。正常情况下，两站开机通电后，如果回转站首先自检完毕，它会自动传输一个"回转站安全回路正常"的脉冲信号给驱动站，该信号在发出后一直高电位保持；待驱动站自检完毕后，同样它也会给回转站发出一个"测试安全回路信号"，回转站在得到该信号后会重新发一个"回转站安全回路正常"脉冲信号，只要驱动站能接收到该信号，系统就能正常工作。

在故障情况下，驱动站先自检结束，虽然没有将测试信号送往回转站，但是回转站自检完成后，会自动发出"回转站安全回路正常"的信号，因而系统可以复位运行；如果回转站先自检完，此时驱动站没有自检结束，不能接收回转站自动发出的"回转站安全回路正常"信号；等驱动站自检结束，由于线路接触不良（端子排接触不良），不能将"测试安全回路信号"可靠地送往回转站，因此"回转站安全回路正常"信号一直高电位保持造成系统不能复位；如果此时重新拔插两站通信插头，相当于将"回转站安全回路正常"的高电压信号又从 0 到 1 跳变了一次，等同于一个触发脉冲，因此系统能够复位。

（三）防撞系统逻辑故障

对于采用脱挂式抱索器的索道，由于车厢进站之后是与钢丝绳脱离的，为了保证其在站内有序运行，防止车厢之间产生碰撞和车厢保证一定的安全距离发车，索道控制系统必须引入站内防撞系统。防撞系统一般由 4 个独立的控制系统组成，可以分别进行区域故障检测、计数故障检测、间距故障检测和逻辑故障检测，这几类故障报警信号均会触发安全停车保护动作。

设置区域控制系统故障的目的是只有当前一个车厢离开某区域后，下一个车厢才能进入，如果一个区域出现两节车厢，索道将因区域故障信号触发而停车。

设置计数控制的目的是保证车厢必须在事先设定的脉冲数内（即一定时间内）通过每个区域，如果由于某种原因车厢被卡住，或者运行速度减慢，在计数器达到该区域最大设定值后仍没有走出该区域，索道将会停车。同样，车厢如果通过某一区域速度太快，计数器计数值小于最小设定值时，索道也将停车。

间距控制系统用来检测两车厢之间的最小距离，该功能通过出站侧一个独立的计数器来完成，只有该计数器达到预先的设定值时，下一车厢才被允许出站，确保两车厢之间有足够的安全距离。

上述三个控制功能的实现都与计数有关，而计数的起始和结束都是通过触发各区段始末位置的接近开关（一种开关型距离传感器）来实现的。

逻辑检测系统的作用就是用于接近开关等电子装置的自检。在进站侧和出站侧，下一接近开关总是检查上一接近开关的动作是否正常，以及电子装置是否能正确地存储信号。

通过对近几年运行故障统计发现，逻辑故障停车在停车故障中占有较大比例。因为逻辑故障的发生存在较大不确定性，排除起来难度比较大，有时一个故障出现多次才可最终被排查出来，这也是逻辑故障常常会反复发生的一个原因。索道逻辑故障的发生，一般会与站内接近开关与钢丝绳（站内运行的抱索器）的相对距离、接近开关的工作稳定性、相关输入输出模块以及PLC的工作性能有关。下面是两种典型的逻辑故障：

1. 电源接触不良造成逻辑故障

索道控制系统不时地出现出站侧逻辑故障报警。根据故障现象，工作人员首先确认24 V电源正常，进而检查接近开关的工作情况，逐个更换出站侧相关接近开关。故障还是时断时续地出现，说明故障还没有排除。工作人员对各接近开关的接线进行检查，还是无法排除，最后再对控制柜进行检查，发现控制柜到出站侧接近开关 24 V 电源压线螺丝略有松动，紧固后观察发现未再出现此故障，最后确认电源接触不良造成这一故障。

2. 器件磨损造成出站侧逻辑故障

循环脱挂索道有车厢脱挂、接挂系统，脱挂和接挂的时机要根据车厢进站的时机而定，车厢进站的检测装置就是接近开关（一种开关型距离传感器）。而接近开关等电子装置的自检依赖站内逻辑故障检测系统。在进站侧和出站侧，下一接近开关总是检查上一接近开关的动作是否正常，以及电子装置是否能正确地存储信号，这样其实相当于增加了逻辑系列，形成冗余。在索道的实际运行中发现，常常并非因为接近开关等电子器件本身的故障，而是由于站内车位及发车制动离合器的长期使用磨损而导致逻辑故障的发生。

故障现象：当所有车厢都挂出时，频繁发生出站侧逻辑故障，而使用部分车厢时不会发生；并且发生时间一般是在运行一段时间以后，而刚开始发车时一般不会发生。

故障机理：根据这一情况，进行模拟试验发现在所有车厢都挂出时，某些车厢通过车位 2 而未到达车位 1 时，下一车厢有时会到达车位 2 的位置（参考循环脱挂索道站内车位分布原理图）。根据系统设置，这时车位 2 的制动器应该动作，将该位置的车厢制动，但是由于长期使用磨损，制动器不能可靠工作，造成该位置的车厢进入下一位置，该位置检测接近开关的信号由高电位跳变为低电位，而这是索道防撞系统不允许的，因为这样有可能造成站内车厢的拥堵。车厢正常的通过顺序应该是，只有前一车厢到达车位 1 后，下一车厢才能通过车位 2。同样，后续的车厢也只能在前面的车厢到达车位 2 后才能通过车位 3 的位置，否则就会发生出站逻辑故障。这样一来故障原因得到确认，正是车厢间距不当以及离合器制动功能不可靠造成索道发生逻辑故障。于是，通过调整各接近开关的相对位置和适度增大车厢发车间距，从表面上解决了这一问题。

但是，开始发车时车厢间距是正常的，而运行一段时间后间距又会失控。继续追查造成车厢间距变化的原因，通过对车厢在两站站内运转时间的测量发现，某些车厢在两站站内整个区间运转的时间存在明显差异，在回转站时间比在驱动站运转时间稍短一些，也就是说有些车厢脱开钢绳后在回转站运转速度更快。通过检查发现，回转站进站侧带略有松动，有打滑现象，那些车厢摩擦板磨损严重的车厢到达此处时本来应该减速，但是综合天气原因等其他因素，车厢在此处并未减速，而是直接滑了过去，于是此车厢与前一个车厢之间距离变小，通过一段运行时间的累积，造成驱动站出站侧逻辑故障。通过重新张紧皮带、修复离合器制动功能后，彻底排除了此故障。

此类故障的实质是由站内离合装置的长期使用磨损、回转站皮带松弛以及驱动站接近开关（一种开关型距离传感器）间的距离不当等综合原因造成的。

（四）车位离合器故障

车位离合器的可靠性非常关键，其故障有可能引发逻辑故障等一系列相关故障，所以其维护保养必须付出一定的精力。

故障现象：索道运行过程中，车位离合器发热严重，出现性能热衰减现象，不能及时准确地将车厢制动和发出。

故障机理：对于牙嵌式结构的车位离合器，主动齿盘与皮带轮用螺栓固定在一起，从动齿盘用导向键与轴连接在一起，其外圈可在电磁力的作用下轴向运动，以实现从动齿盘与主动齿盘的结合与分离。正常工作时，离合器线圈通电，从动齿盘外圈在电磁力的作用下沿轴向运动，与主动齿盘啮合，实现转矩由皮带轮向传动轮胎的传递。需要制动时，离合线圈断电，离合器实现分离，轴处于自由状态；同时制动线圈得电，产生的电磁力将制动盘吸住，实现车厢的制动。

根据牙嵌式离合器的工作原理，结合故障现象，可以判定离合器不能将车厢及时发出的原因，是由于从动齿盘与主动齿盘结合不够紧密，使转矩传递损失过多；而不能将车厢准确制动也同样是因为从动齿盘和主动齿盘在分离时存在粘连，没有在应该分离的时候可靠地分离；发热严重正是由于齿盘之间和制动盘之间不正常的相对转动造成的。而上述现象最有可能是由于环境潮湿以及油污和灰尘侵入，造成从动齿盘与主动齿盘间距以及制动盘间距变小，从而缩短了可移动器件的有效行程。通过对离合器的拆装、除尘保养后，即可恢复正常功能。

车位离合器在运行过程中要进行频繁动作，因此磨损会比较严重，对它的维护保养应该加强。首先应定期拆装，进行清扫、保养，保证各部间隙尺寸在要求的范围之内。同时，可以根据具体情况，针对热衰减现象，增加相应的冷却措施，确保其可靠动作。

（五）脉冲故障

控制系统为了能够准确判断索道的正反转，设置了两个脉冲信号采集通道，脉冲信号的采集同样是通过接近开关（一种开关型距离传感器）来实现。正反转信号参与控制系统的逻辑保护，因此两路脉冲信号必须始终保持正常。如果其中一路脉冲信号故障，那么以此路脉冲进行计数的安全回路功能也就失效。所以监测系统需要始终监视两路脉冲信号是否完好，当其中一路脉冲出现持续高电平（24 V）或持续低电平（0 V）超过5秒时，就会触发"脉冲故障"报警。

故障现象：索道正常开机后正反转都运行正常；当连续工作一定时间后，正转正常，在反转时出现"脉冲故障"报警。

故障机理：这种故障现象通常是由于某些不可靠的元器件长期工作，出现了老化，进而引发故障。因此故障的排除需要对整个信号传输的过程涉及的所有部件一一进行排查，首先是对相关外围元器件，特别是脉冲信号的输入输出通道、连接线路以及脉冲检测开关等进行检查。如果没有发现明显异常，则重点对与正反转有关的器件进行检查。可以先尝试将两个开关位置对换，这时索道正转时发生脉冲故障，反转时正常，那么可由此确定故障由脉冲开关引起。可以进一步通过万用表检测元器件阻抗来确认。

电子器件在使用几年时间后因老化引起性能变差属于正常现象。本例中故障器件在正转时正常、反转时出现故障的现象，正是由于正反转时控制系统使用了不同的脉冲信号作为安全回路计数信号造成的。一旦发生类似故障，要从故障现象入手，逐步缩小故障点范围，就能最终确定故障的具体位置。

二、供电故障

索道运行依靠电力驱动，索道供电系统包括高低压设备、变压器、滤波补偿装置等。因此由索道供电系统所引发的故障也集中在这些设备中。若地电位不为零引发故障，可从以下几方面排除并解决。

故障现象：索道运行中频繁出现安全监测故障，继电器有吸合不可靠现象，能听到触点高速开合发出的抖动声响，同时钢丝绳与附近金属构件间有放电现象，能测量到一定的交流压差。

故障查找：根据上述故障现象，通过测量继电器线圈电压，若发现电压偏低不足以使触点可靠吸合，但为系统供电的直流电源正常，由此可判定索道供电系统的电位不为零。可通过逐一关停相关电路后再测量电压的方式，最终确定故障原因。可能附近电力用户 220 V 电源线断开搭地，造成局部地电位升高。由于冬日下雪较多，地表湿润，导电性能更好，影响到了附近的索道供电系统。对该线路处理后即可将故障排除。

故障分析：在索道安装阶段，我们常常将索道 24 V 直流电源的负极与整个接地系统连接在一起，这样做是否合理是一个值得探讨的问题。首先，负极接地的系统中一旦地电位偏移，就会发生控制故障，如上例中继电器高速开合现象；其次，在雷雨季节，地表的瞬间高压也会通过接地线引入系统，造成元器件的损坏。

有些索道供电采用了三相四线制系统，即零线和地线共用一根线缆，这样当系统三相不平衡时，PEN 线（兼有保护接地线——PE 线和接中性电功能——N 线的导体）中将有较大的不稳定的不平衡电流通过。因此，索道动力电源一般不推荐使用该种线制，而对于动力电源和生活用电共用一个变压器的场合，这样做更是不允许的。即使是采用三相五线制的系统，在相线接地而保护装置没有及时动作的情况下，如上例，也会造成局部地电位的升高，从而引发索道故障。

三、驱动故障

驱动故障可以理解为由主驱动回路引发的故障，其实质仍然是控制系统的故障。

（一）超速故障

故障现象：索道运行中突然出现超速故障而紧急停车，复位启动后再次发生超速故障。

故障机理：在索道运行中频繁发生超速故障，但是对索道进行实际速度的测量却没有发现异常，由此可以确定故障发生在控制环节。超速故障保护信号所用的速度信号来自主电机测速电机，由此可以从测速电机到电脑控制器的输入口进行顺序排查，最终在测速电机碳刷上发现有油污，擦拭干净后，系统复位运行正常。主电机轴承由于缺油常会发生干磨现象，但是过度加油，特别是对测速电机侧油嘴加油时如果压力过大，就有可能使润滑油挤入测速电机，污染碳刷和整流子，从而引发超速等一系列驱动故障。因此在对电机进行维护时，一定要按照使用维护手册，用适当的压力加入适量的润滑油。

（二）速度检测信号偏差过大故障报警

故障现象：索道低速时运转正常，在正常升速过程中，出现了实际速度检测偏差故障报警。

故障机理：索道的两路实际速度检测信号来自主电机和驱动轮的两路测速信号的测量，发现在索道低速运转时，两路信号基本没有差异；当加速到 2 m/s 左右时，两路信号差异逐渐加大，超过了系统允许的电压差上限 10% 时，引发该故障。由此可以判断故障来自测速电机传来的信号，分别对测速电机进行检查，发现驱动轮测速电机联轴器磨损严重，造成运转不同步，向系统传输了错误的测速信号，更换了相关测速组件后系统恢复正常。

此类故障只需要简单的对比即可发现故障点。索道的速度传感器采用联轴测速电机的原理，通过联轴器带动测速电机的电枢旋转，进而感应出脉冲信号，通过对脉冲信号的计数得到实际的速度。但是在维修过程中要注意，在更换了测速组件后，要对控制柜内分压组件的调整电位器重新进行设定。调整过程中可以将来自主电机的测速信号分两路分别接入电脑控制器的主电机测速和驱动轮测速的输入端子，以最慢的速度启动索道，用万用表测量两路信号，不断调整驱动轮测速信号分压器的电位器，使两路信号电压值尽可能接近；然后逐步提升索道运转速度，重复上述过程，直到达到索道最快速度时，两路信号尽可能一致。将分压器调整好后，就可将线路恢复到正常状态。

四、液压机械故障

液压机械装置主要用于索道系统的张紧，通过张紧装置的动态调整在索道的钢绳载荷变化过程中始终保持一定的张力。索道作为特种设备，其安全性必须得到可靠的保证，而索道运行过程中的张紧力直接关乎安全性，因此，液压机械故障是危险性较高的一类故障。此类故障同样是索道常见故障。

故障原理：液压故障的查找类似于电气故障，采用逻辑排除法确认故障点。索道液压系统有泄漏以及钢丝绳所受载荷变化时，液压系统的压力会不断变化。当压力继电器测到的系统压力超过设定值的±5%时，电机带动齿轮泵开始打压；同时，在方向阀的控制下，液控单向阀打开，液压油可以在两个方向上流动，进行液压调节，多余的液压油通过溢流阀排回油箱。当压力到达设定范围时，电机经过一段时间的延时后停止工作，液控单向阀关闭，系统进入保压阶段。当系统压力超过设定值的±10%时，将触发索道自动停车保护，证明张紧装置出现故障。这时，需要人工干预使液压系统压力恢复到设定范围，然后保护信号才能复位。

（一）液压系统无压力时的检查步骤

启动电机后，液压系统无压力无非有两个原因：液压油管路有出口或齿轮泵不打油。检修时，首先用手动泵打压，若系统仍无压力，则问题很可能出在管路系统上。这时要检查截止阀是否关闭及损坏；若问题不在于截止阀，则要逐一检查并紧固管路的管帽，直至问题解决。

若手动打压后，系统存在压力，则要按下面的顺序进行检修。首先要查一下电机转向是否正确，若转向错误，则需更换接线方式；若转向正确，则要检查联轴器。检查联轴器是否与电机和齿轮泵都连接完好，联轴器是否损坏。

在排除以上故障后，若系统仍无压力，问题很可能就出在齿轮泵上。如果齿轮泵端面间隙或周向间隙过大，泄漏严重，则无法打油，系统也就无压力。这时要检修齿轮泵，使配合间隙达到规定要求。

（二）液压系统达不到工作压力时的检查步骤

系统始终达不到工作压力分为两种情况：电机停转或电机一直运转。如果在达到工作压力之前，液压电机停转，则很可能是压力继电器阈值设置过低，需要对其重新调整。压力继电器是将压力信号转换电信号，然后向控制系统发出逻辑量的压力控制元件，当油压力达到压力继电器的设定值时，通过阈值开关发出电信号，使电气元件动作，实现油路增压、卸压及安全保护等。若低整定值开关设置过低，则会使电机在系统未到达工作压力前停止运转；同理，若高整定值开关设置过高，液压系统超压时，电机可能仍不会停止工作，也就不能降压。

若电机一直运转不能自动停运，同时系统一直到达不到工作压力，则要依次对溢流阀和安全阀进行检修。正常情况下，溢流阀的设置为工作压力，当系统压力低于工作压力时，溢流阀处于关闭状态，齿轮泵给系统持续打压；当系统压力超过工作压力时，溢流阀开始泄油。即液压系统的最后压力为溢流阀的设置压力。如果设置压力低于工作压力，则系统压力始终提不上去，压力继电器不能动作，这时电机一直运转。安全阀的工作原理与溢流阀相似，但安全阀的压力设置比溢流阀高，为工作压力的120%，一般情况下安全阀是处于关闭状态的。显然，安全阀的设置压力低于工作压力时，系统也无法达到工作压力。

同理，若通过以上的检修仍不能排除故障，则要检修齿轮泵，检查是否存在泄漏的问题。

（三）系统压力超过压力继电器设置值后无法降低的检查步骤

若系统实际压力超过工作压力 +5% 时，电机并未停止工作，则原因在于压力继电器的开关设置过高，只需对其调整即可。

系统超压5%后，电机有时会一直运转不停，这时要以实际压力为基准进行故障排除。如果系统实际压力低于工作压力的 +105%，则很可能是压力继电器损坏或灵敏度出现问题，需要对该压力继电器进行检修；若压力继电器正常，故障很可能在于单向阀没打开。

针对液控单向阀没打开的问题，首先要对方向阀进行检查，查看电磁线圈工作是否正常，电压是否合适，阀芯是否滑动正常。如果方向阀工作正常，问题很可能就出在单向阀上，需要检查控制阀阀芯或主阀阀芯移动是否灵活，测一下该阀的先导压力是否合适，并针对查出的问题进行及时修复。

以上是对循环脱挂式索道的常见故障的总结，尽管各滑雪场索道的具体情况不尽相同，但故障类型以及解决的思路基本是类似的。在滑雪场经营过程中，索道维护、运营人员一定要弄清索道电气及液压系统的工作原理，熟悉图纸，只有这样，才能准确识别故障类型，快速查找故障点，进而排除故障，从而保滑雪场运营的稳定。

 拓展阅读

从冬奥盛会到大众健身——北京冬奥会后首个雪季见证冰雪热情延续

来源：新华网，2023 – 01 – 04

在北国的冰天雪地里感受户外滑雪的刺激，在南方的室内冰雪运动场体验冬季运动的浪漫，在冰雪主题乐园里愉快地玩耍……眼下正值北京冬奥会后的首个雪季，冰雪场地设施建设不断完善，冰雪产业持续发展壮大。从区域迈向全国，从冬季延伸至全年，大众参与冰雪运动的热情持续升温。

图 4 – 3　2022 年 2 月 4 日晚，第二十四届冬季奥林匹克运动会

开幕式上的场景

大江南北掀起冰雪运动热潮

进入冬季，黑龙江、吉林、河北、北京等地户外雪场陆续"开板"，吸引全国各地游客前去滑雪。在冰城哈尔滨，以"酷·雪生活"为主题的第二十届亚布力滑雪节揭开了今冬滑雪旅游度假的序章。游客不仅可以在雪道上驰骋，还能在东北民俗村沉浸式体验东北文化，泡森林温泉，玩转雪地电音节……

"我今年特意买了新的雪板，打算在东北住一段时间。"来自广东广州的滑雪爱好者邹亚楠说，最近经常在短视频平台看到滑雪视频，"感觉大家都很期待今年冬天"。

图4-4 2022年12月28日，在北京渔阳国际滑雪场，

雪场工作人员从坡道上滑下

在北京冬奥会雪上项目主要举办地张家口，许多滑雪爱好者慕名来到云顶滑雪公园，"打卡"冬奥冠军同款赛道。随着元旦客流高峰的到来，云顶多家酒店游客入住爆满。当地还策划了一系列冰雪旅游精品线路，供游客赏玩。

在北京延庆，国家高山滑雪中心"雪飞燕"开放部分雪道供公众体验，人们可以在这里享受冬奥"滑雪＋住宿"一站式服务。在北京城区，"冰立方"冰上运动中心12月30日正式恢复营业；国家速滑馆"冰丝带"、首钢滑雪大跳台"雪飞天"等均在为恢复开业做最后准备。

图4-5　2022年12月27日，在重庆市南川区金佛山景区北坡滑雪场内，

10岁的小朋友蹇雨辰体验滑雪

2022年12月24日，第九届全国大众冰雪季启动仪式在哈尔滨举行，多地设立分会场。全国各地计划开展各级各类群众冰雪赛事活动1 499项。

随着"南展西扩东进"步伐加快，冰雪运动画卷在我国大江南北铺开。浙江省台州市海拔800米的天台山雪乐园里，雾气氤氲、人头攒动，一场趣味盎然的冰雪运动嘉年华在这里举行；重庆市南川区金佛山北坡滑雪场游客络绎不绝，20余项冰雪活动精彩上演；在北回归线以南的广西南宁，每个周末都有2 000至4 000人次踏上冰纷万象滑冰场……

"冷资源"带动"冰雪热"

冰雪运动升温，不断释放冰雪产业红利。今年9月发布的《2022中国冰雪产业发展研究报告》称，2021—2022年雪季，国内参与冰雪旅游人次超过3亿，冰雪旅游、冰雪培训、冰雪装备等市场需求明显增长。业内人士普遍看好冰雪产业未来发展前景。

图4-6　滑雪爱好者在吉林省吉林市万科松花湖度假区

V-PARK地形公园滑雪

冬至过后，吉林多地最低气温跌破零下20摄氏度，但这丝毫没有影响冰雪爱好者的热情，多个滑雪度假区的客房元旦春节预订火爆，有的已经一房难求。新疆吉克普林国际滑雪度假区雪场开放7条索道、3条魔毯，三百所民宿陆续投入使用。黑龙江青山国家森林公园冬季冰雪乐园除推出特色冰雪游玩区域吸引游客外，还积极开展冰雪教育培训。而在浙江省杭州市临安区的大明山万松岭滑雪场，几十台造雪机正在同时作业，将雪的世界带到长江以南。

大明山旅游发展有限公司总经理徐新深刻感受到北京冬奥会产生的积极影响："以前我们雪场租赁业务好，游客来了会租雪镜、衣服还有帽子。北京冬奥会后的这个雪季，明显感觉到自带装备的游客多了，有不少游客甚至还自己购置了雪板。"他深信，冰雪运动的种子已经播下，未来将会持续开花结果。

2022年11月7日，国家体育总局、国家发展改革委等多部门共同印发《户外运动产业发展规划（2022—2025年）》，提出要"形成东西南北交相呼应、春夏秋冬各具特色、冰上雪上协调并进的发展格局"，进一步释放冰雪运动消费潜力。

图4-7　2022年12月12日，在新疆维吾尔自治区木垒县木垒河滑雪场，滑雪爱好者参与雪上娱乐项目

相关专家认为，冰雪运动参与者的增加，必然会拉动相关服务和产品消费，带动行业整体上行。体育旅游模式的升温和冰雪休闲出行的普及，会让更多家庭在冬天选择冰雪运动旅游的出行模式。

接轨国际推动冰雪运动持续发展

丰厚的冬奥遗产，为冰雪运动在我国的发展提供着不竭动力。越来越多的青少年正在走上冰雪运动之路，走向国际化舞台。

2022年12月，由中国滑雪协会主办、国际雪联提供指导的全新青少年赛事——中国青少年滑雪公开赛揭幕。这项赛事计划在全国 7 个分赛区举办 21 场比赛，带动专业选手和普通滑雪爱好者参与其中。组委会聘请了国际雪联高山滑雪技术代表、单板自由式技术代表，比赛采用国际雪联认证的竞赛器材、规则以及计时记分系统。

图 4 – 8　中国青少年滑雪公开赛云顶站举行

"用国际雪联的标准，让更多青少年感受到国际标准赛事的魅力，同时也是向全世界展示中国在北京冬奥会之后继续推广滑雪运动、特别是青少年滑雪运动的决心。"国际雪联理事郑良程说。

自 2015 年北京申办冬奥会成功以来，我国冰雪运动实现了许多从无到有的转变。很多从未踏上过冰雪的孩子，开始怀揣冰雪梦。

冰雪运动起步较晚的上海市目前已累计举办世界级冰雪赛事 50 多场，青少年冰雪赛事 5 000 多场次，每年有 120 万人次青少年参与其中。冰球"姐妹花"徐子由和徐子容就是其中的一员，她们在父亲的影响下走上冰球之路，各种比赛奖牌和 MVP（最有价值球员）称号尽入囊中。北京冬奥会期间，她们追着看了中国女队的所有比赛。

"看到她们动作很帅，我也想试一试，看自己在比赛中什么时候可以做出来。"姐姐徐子由激动地说。父亲徐智琮则对未来充满期待，希望孩子们能在家门口接受大赛历练。

图4-9 新疆维吾尔自治区乌鲁木齐市乌鲁木齐县
第一中学小学部冰球队的学生在进行冰球比赛

而在浙江省宁波市，10余所学校建立了越野滑雪和滑轮运动队，培养了一批青少年运动员，在国内多场重要比赛中取得了优异成绩。

展望未来，宁波市冬季两项队领队林柯羽认为，随着国际冰雪运动交流的深入推进，可以预见将有更多青少年运动员受惠于此。她认为，中国冰雪竞技运动将在2023年之后进入发展快车道。

推动冰雪运动和冰雪产业飞跃式发展

来源：《人民日报》，2022-04-28

伴随着国家游泳中心"冰立方"、国家体育场、首钢园等北京冬奥会、冬残奥会场馆陆续向公众开放，人们有了健身休闲的新去处。

习近平总书记强调，北京冬奥会、冬残奥会既有场馆设施等物质遗产，也有文化和人才遗产，这些都是宝贵财富，要充分运用好，让其成为推动发展的新动能，实现冬奥遗产利用效益最大化。

如今，"带动三亿人参与冰雪运动"的美好愿景成为现实，北京冬奥精神进一步激发了亿万人民的体育热情，丰厚的冬奥遗产为推动我国体育事业发展提供了新的契机。

冬奥场馆将以多种形式对公众开放

掷出冰壶、站上领奖台、参观更衣室……日前，承办北京冬奥会冰壶比赛和北京冬残奥会轮椅冰壶比赛的"冰立方"面向公众开放。冰壶赛道、媒体看台、混采区、运动员更衣室等区域以冬奥赛时的面貌展现在大众面前。

习近平总书记指出："'冰丝带''雪飞天''雪游龙''雪如意'等冬奥场馆精彩亮相，成为造福人民的优质资产！"

2022年4月，国家速滑馆"冰丝带"邀请建设者代表及家属"回家"，为进一步向公众开放进行尝试。很快，将有更多冬奥场馆面向公众开放：延庆奥林匹克园区正积极筹备开业，国家雪车雪橇中心"雪游龙"、国家高山滑雪中心"雪飞燕"和延庆冬奥村将于4月底迎接游客；五棵松体育中心、国家冬季两项中心、首钢大跳台等冬奥场馆都在积极谋划，将以多种形式对公众开放。

北京冬奥会场馆赛后充分利用，为推动冰雪运动发展、带动全民健身提供了新的空间。北京冬奥组委总体策划部遗产管理处处长刘兴华表示："这些世界一流的竞赛场馆，在冬奥会后将继续申办、举办高水平国际赛事和各项国内赛事。通过高水平赛事，带动大众赛事、全民健身和地区发展。"

北京冬奥会期间，首都体育馆实现了花样滑冰和短道速滑场地两小时转换，为场馆日后承接综合性冰雪运动赛事积累了宝贵经验；场馆冬季比赛项目与夏季比赛项目的"无缝切换"，也为承办多类型赛事提供条件。国家高山滑雪中心将作为世界一流的比赛场地，承接高山滑雪国际大型赛事，为世界高水平高山滑雪运动员搭建竞技平台。云顶滑雪公园作为北京冬奥会7个雪上竞赛场馆中唯一利用现有雪场改造而成的场馆，其 U 型场地、障碍追逐、空中技巧赛道都达到世界顶级水准。密苑云顶乐园高级副总裁束文表示："赛后我们会继续承办世界杯、世界极限运动会等赛事。"

夯实冰雪运动和产业发展的人才基础

北京冬奥会上，中国体育代表团取得 9 金 4 银 2 铜的好成绩，实现冰上项目与雪上项目"双丰收"。在北京冬奥会之前，我国冰雪运动长期处于发展不充分、不平衡的状态。为实现"恶补短板""弯道超车"的目标，冬奥备战通过跨界跨项选材、科技助力等有效措施，为冰雪项目的人才培养积累了宝贵经验。

习近平总书记指出："北京冬奥会、冬残奥会就像是一个弹射器，可以推动我国冰雪运动和冰雪产业飞跃式发展。"

借助北京冬奥会、冬残奥会的机遇和冰雪运动的热潮，中国冰雪产业蓄势腾飞。"全国室内滑雪场从 2014 年的 7 家增长到现在的近 40 家，而且更多集中在南方城市。场馆的增加让滑雪设施和设备的供应链条处于较大增长区间。"北京市滑雪协会副主席伍斌说。

北京冬奥会男子钢架雪车比赛中，中国选手闫文港发挥出色，夺得铜牌，他是跨界跨项选材的代表人物。在北京冬奥会中国体育代表团中，约 1/5 的运动员通过跨界跨项选材开始冰雪项目专业训练，人才培养的新探索丰富了冰雪人才储备，为未来体育人才选拔提供新的思路。

在北京冬奥会、冬残奥会的带动下，冰雪资源不断集聚，冰雪产业快速发展，滑雪医生、造雪师、打蜡师等新兴冰雪职业应运而生，为冰雪运动的普及发展奠定了人才基础。

激励广大青少年积极参与冬季运动

北京 2022 年冬奥会、冬残奥会正值"两个一百年"奋斗目标的历史交汇期，中华体育精神和奥林匹克精神交相辉映，谱写出灿烂的时代华章。

习近平总书记强调："发展体育事业不仅是实现中国梦的重要内容，还能为中华民族伟大复兴提供凝心聚气的强大精神力量。"

北京冬奥会、冬残奥会的筹办和举办，使奥林匹克精神和理念在中华大地进一步落地生根，以体育为主题、文化为内容的多样化文化活动，营造了浓厚的冬奥文化氛围。全国政协教科卫体委员会副主任冯建中表示，北京冬奥会、冬残奥会传递出的体育文化深入人心，潜移默化地改变着群众的生活。

走进距离首钢园区不远的高井路社区，以冬奥项目图案为装饰的护栏、有关冰雪运动的设施随处可见。以"冬奥让社区更美好"为理念，各地设立了一批冬奥示范社区，通过冬季健身设施建设、冰雪知识小课堂开展等多种方式，让冰雪知识和奥林匹克理念在社区居民中广泛传播。

数据显示，截至2021年年底，中国约有3 000所学校把冬季运动项目加入了课程表，预计到2025年，中国冰雪运动特色校将达到5 000所。

2015年起，北京市石景山区电厂路小学通过开展冬奥主题活动、开设冰雪项目课程，激发孩子们参与冰雪运动的热情。北京市石景山区电厂路小学校长薛东表示："北京冬奥会、冬残奥会的举办让普及冰雪运动找到了发力点。"《北京2022年冬奥会和冬残奥会中小学生奥林匹克教育计划》和《北京2022年冬奥会和冬残奥会青少年行动计划》的制订实施，激励着广大青少年积极参与冬季运动。截至2021年年底，全国奥林匹克教育示范学校累计达到835所，冰雪运动特色学校达到2 062所。

第五章

雪场其他设备

雪场其他设备主要有雪道护网、雪地摩托、烘鞋机、雪圈、闸机等。

第一节　雪道护网的安装与维护

一、雪道护网的作用

雪道护网在滑雪者失控状态下起到保护滑雪者人身安全的重要作用。在滑雪过程中，碰撞是十分危险的。由于滑行速度较快，且一般初学者还无法达到自由控制方向的程度，人员相互碰撞时轻则撞伤，重则会发生骨折。一般大型滑雪场的赛道外往往是树林、陡坡和深谷，如若失控冲出赛道，可能会发生更严重的人身伤害。

由于滑雪是一项技巧性较强且较为激烈的户外运动，初学者在运动的过程中一定要重视自己和他人的安全，量力而行。在技术水平大幅提高、能自由控制速度及方向，并能避开滑雪道上的障碍物和其他滑雪者时，才能去较高级的雪场滑雪。

而作为滑雪场的经营者，则需要在合理位置安装护网以保证游客的安全。

二、雪道护网的安装

如果护栏网安装不当，不但起不到保护作用，反而会给滑雪者带来潜在的危险，造成更为严重的伤害。那么滑雪场在安装护网时应该注意哪些问题呢？

（一）了解护网基本特性

一般滑雪场地护网是一种由聚乙烯拉伸成丝、编制成绳，经过织网、热定型工艺，再经过人工裁剪、包边而形成的。颜色通常采用比较醒目的红色、蓝色，也可以用于滑沙、滑草、滑冰等场地的防护。安全网分内网和外网，内网要求高 1.5～2 m。外网的网绳比内网更粗，且有外绳加固，高 3～4 m，立柱要有弹性。目前国内常用护网网目采用 50 mm × 50 mm 以及 70 mm × 70 mm 两种型号方眼。且安装护网时，要与障碍物之间保持一定的缓冲距离。

国际滑雪联合会的标准要求在高山道及转弯处设置二层网防护，安全网要求颜色保持 3 年不褪色并保证质量安全。在滑雪道内设施的周围（如索道立柱、变电箱）、机械停放处及有潜在危险性的地方，必须用安全网围住，或用弹性软体物裹围。对于一些特殊场地，可采用视觉效果强的绳索、条、带等物品起到警示阻拦作用，以阻拦滑雪者滑行。

（二）护网安装地点选择

在滑雪场实际运营当中，并不是所有滑雪道及拖牵索道两侧都要设立安全网。只有当雪道本身存在自然缺陷，发生事故率较高和危险程度较高时，才需要安装护网。安全网要设置的地段有：

1. 雪道外侧有障碍物地段。

2. 明显危险源暴露地段。

3. 雪道一侧陡峭地段。

4. 拖牵索道有必要的地段。

5. 快速转弯处的外侧地段。

6. 前方有障碍物的终点区。

（三）护网栏杆

滑雪者正面撞网，护网能起到很好的阻挡作用。但如果仅在雪道两侧安装侧网，失控滑雪者的滑行轨迹倾斜，在停止滑行前，滑雪者可能在护网上发生数米的刮擦。在滑雪者和护网摩擦接触的过程中，滑雪者的手指或手臂可能会插入网眼，造成伤害。为防止滑雪者撞网后身体造成受损，护网支撑必须容许护网在滑雪者撞网时缓冲移动数米。

护网栏杆选材时，支撑最好选择弹性支撑，材料最好由高分子材料聚碳酸酯制成的塑料合金，在比较宽泛的温度范围内具有高强度的抗冲击性能、柔韧性能表现良好、固定性好、产品属性持久耐用。栏杆要具有可用于任意固定和调节的固定钩。这种设计有利于在悬挂安全网时调节挂网的松紧度，以及防止安全网脱落。

国内某些滑雪场，会将护网直接固定在金属杆或木桩上，有的护网后固定的刚性金属支撑距离护网仅 30 cm。如果滑雪者撞击到此类护网上，固定在水泥座上的金属管支撑会对人体造成严重伤害。而欧洲大型滑雪场普遍使用的护网，弹性支撑杆是插入雪中的。如果滑雪者撞在有弹性的网上，支撑护网的数根杆立即拔起，减缓冲力，使滑雪者顺利停住。

第二节　雪地摩托的起源与发展

一、雪地摩托的起源与发展

雪地摩托（如图 5 - 1），又称为雪地车，最早起源于军事技术。20 世纪60 年代至 80 年代，各国都相继研制并生产了一系列性能良好的雪地车及全地形军用输送车，主要用于军事用途。20世纪60年代的苏联就制造成功了多种型号履带式两栖雪地车，并已形成产品系列。该系列中外形最大的车型可实现2 000 kg载重。瑞典的Bv202履带式雪地车也是非常典型的车型，截至80年代初已生产约5 000辆，除用于本国军队装备外，还输出到了荷兰、土耳其等国家。美国在20世纪80年代初有5辆LMC1450履带式雪地车列装了海军陆战队，有4辆能在雪地拖拉或牵引多种扫雪工具的LMC3700履带式雪地车已列装空军战队。

图5-1　雪地摩托

由于军用越野车所使用的橡胶履带被证实能够抵抗严寒的冬天，最初在加拿大魁北克省被庞巴迪（Bombardier）公司设计改造成大型多功能商务车。随着设计的不断改良，第一部雪地摩托在1959年在市场上正式亮相。如今，庞巴迪创立的公司在雪地车行业中已处于领先地位，庞巴迪雪地摩托的市场占有率居全球首位。

如今，在经历了多年的改良设计后，雪地车成为积雪地形常见的运输工具。其结构可靠、轻便灵活，具有良好的雪地机动性和一定的装载能力。

雪地车的自重很轻、体积较小，但力求提高载重量。一般驾驶舱内只有

1 名驾驶员和 1 ~ 2 名载员，设备简单，只有加热器和除霜器等必需设备。

二、主要用途

雪地车是滑雪场用于救护人员、输送、娱乐的专用车辆。一般为前滑橇后履带式，能快速在雪地移动，可轻松爬上 25°以上的雪道，小型雪场还可挂上雪犁用来平整雪道。由于雪地车驾驶简单易学、速度容易掌控，在驾驶过程中会体会到雪中飞驰的无限乐趣。

三、车辆构造

雪地车由动力系统、转向系统两部分组成。

（一）动力系统

雪地车的动力来源于以下四大组件：

1. 类似于汽车发动机的发动机。

2. 离合器系统。

3. 履带。

4. 滑雪板。

雪地车还配有前照灯、座位和防风罩，这些都与普通陆地摩托车的装置类似。

实际应用较多的雪地车重量大多超过 300 kg（不包括驾驶者自身的体重），雪地车的发动机类似于摩托车的发动机，体积可达到 1 000 cm^3 左右，一般采用以汽油、柴油作燃料的内燃机。在如今新能源被广泛应用的大背景下，市场上也出现了环保型电动雪地摩托。大功率雪地摩托通常采用四冲程发动机，而较轻的雪地摩托则使用二冲程发动机。重量轻而性能高的雪地车，最高时速可接近 145 km/h。

雪地车发动机与转动履带通过履带牵引装置相连。雪地车的履带基本由较大的齿轮组成，轮齿均匀分布，可与履带上对应的孔紧密配合。齿轮每次转动都会向履带提供动力，从而驱动雪地车前进。发动机转得越快，齿轮就旋转得越快，履带也就移动得越快。

雪地车还安装了离合器系统，是一种最基本的、基于皮带轮的无级变速器。此系统包括两个皮带轮或离合器，由驱动皮带连接在一起。主离合器位于发动机曲轴上。压力弹簧控制主离合器，当发动机处于低转速状态时会对半分开。当发动机开始加速时，离合器的重量会产生足够的离心力来关闭离合器，从而允许皮带自由移动并传输动力。

辅助离合器中的弹簧负责操纵凸轮（楔块），这些凸轮对扭矩的变化非常敏感。当发动机转速增加，且主离合器开始传输动力时，这些凸轮将挤到一块，从而勒紧皮带。这一过程将随着雪地车的加速继续进行，一旦雪地车达到最高速度，主离合器就会关闭，将皮带移至更高"挡位"。由于雪地车此时用于加速的动力比刚起步时要少，因此辅助离合器将打开。与手动或自动变速器不同，此系统是无级传动，可以根据所需的速度和动力大小顺利地在无数个"挡位"之间来回移动。

减振器在提供舒适稳定的驾乘体验方面起到了重要作用。弹簧和减振器的用途与山地自行车中的类似，从而使驾驶者能够利用滑雪板的移动性和履带车辆的稳定性来驾驶他们的车辆。

（二）履带和转向系统

雪地车的履带类似于坦克车的履带，但也有一些差异。雪地车的履带由质地较轻的橡胶制成，这可以增加移动性和速度，而坦克车履带由刚性材料制成，因为它们必须在运载重物时经得起冲击和爆炸。坦克车履带通常可以转向和驱动车辆，而雪地车转向由把手来控制。履带可以有效防止重型雪地车陷入松软的雪中，就像滑雪板和雪鞋将人的重量分散到更大的范围一样。

雪地车履带还提供了对雪地表面的牵引力，而普通的轮式汽车在这些地方则会打滑。面积宽大和纹路粗糙的轮胎面会在雪地车和冰雪表面之间产生摩擦，从而为雪地车提供更大的抓地力。大多数雪地车在其履带上都增加了尖形螺栓，其作用相当于运动鞋上的楔子，会少许渗入冰或硬雪中，在表面切割出一些小孔，以保证履带在特别光滑的地方能更紧地抓住冰面。

雪地车通过转动把手进行转向，这与操纵自行车或摩托车的方法相同。把手与靠近雪地车前端的连杆相连，而连杆又与安装在雪地车底部支架上的滑雪板相连。转动把手时，就会以相同的方向转动滑雪橇。雪地车雪橇的宽度和尺寸因地形而异，并且还分单轨或双轨滑雪橇。较宽的滑雪橇会将雪地车的重量转移到较大的范围，从而"漂浮"在积雪表面，而较窄的滑雪板则用于急速转向。

与山地自行车类似，雪地车还具备减振器装置，可以为驾驶者提供比较舒适稳定的驾乘体验。

四、雪地车的安全性保障

现在的雪地车都采用质地更轻、更耐用的材料和转速更快、更省油的发动机制成。这些性能不但提高了雪地车的利用率，更提高了驾驶者的驾驶体验。但雪地积雪松软程度不一，雪下地形较为复杂，保证雪地车的行驶安全也是非常重要的要求。为了避免事故发生的可能，驾驶者必须详细掌握雪地车的使用方法，并严格控制速度，时刻注意行驶安全。

雪地车在结构上拥有比摩托车更低和更宽的优势，减少了侧翻的危险。但由于其开放式的设计，一旦发生碰撞或紧急制动，驾驶者很容易被甩出车外。雪地车的时速可达到 145 km/h，由于潮湿地面上摩擦力的减小，在雪地和冰上的刹车距离也比在柏油路上更长。

虽然雪地车不具备有效的安全保护系统，但雪地车驾驶者可以通过自身的装备及驾驶技巧来更好地保证安全。

穿着专用的驾驶服装。雪地车驾驶者通常在户外，穿戴的防水尼龙夹克和裤子与滑雪者所穿的滑雪服非常类似。其主要作用是保持驾驶者温暖，同时衣服内层的防潮功能，还能快速吸干驾驶者排出的汗液，保持干爽。由于不同于汽车具有封闭的环境和调节车内温度的温控系统，驾驶者穿着有保护作用的衣服能帮助自身抵抗雪地的寒冷环境。另外，专业的服装还能使驾驶者免受因速度和噪音而造成的伤害。

除服装外，驾驶者还应佩戴雪地车安全帽和护目镜。雪地车安全帽基本模仿了普通陆地摩托车安全帽的设计。国内外许多著名制造商都专门出品了雪地车专用安全帽及护目镜。雪地车专用护目镜上，增加了防雾涂层的设计，当室外寒冷而潮湿的空气遇到人体呼出的温暖气流时，不会因出现液滴凝聚现象而阻碍驾驶者的视线，有效保证了驾驶安全。随着人们对雪地车的热衷，一些品牌还专门设计了保护驾驶者嘴和鼻子的呼吸保护用具。温度较低的空气通过护具接触口腔及鼻腔的时候，可以有效将气体升温，避免冷空气刺激驾驶者的呼吸黏膜。

手套和靴子更是重要的辅助装备，因为手指和脚趾在寒冷的环境中特别容易冻伤。雪地车手套一般包括厚实的手掌部分（握住车把需要耐磨损）和由关节连接的手指手腕部分（刹车和转向时需要活动灵活）。厚橡胶底的棉靴抓地力强，而且带有可拆卸衬套，不仅舒适保暖，还可在驾驶间隙快速排干汗液，此类设计非常受雪地车驾驶者的欢迎。

当然，雪地车专业的穿戴装备还必须具备一个统一的要求——防水。可以说，雪地车的安全主要掌握在驾驶者自己手中，所以驾驶者必须严格遵照行驶要求，加强自身驾驶技能。

五、雪地车的弊端

除不具备有效的安全保护系统外，雪地车发动机的废气排放也是人们担心的主要弊端。与汽车一样，雪地车也会将废气排放到空气中。由于雪地车通常行驶在风景区或自然保护区（这些地区很少出现机动车辆），因此随着滑雪等休闲娱乐业的发展，废气对环境造成的污染也一直受到人们的关注。

另外，雪地车的噪音也是一个问题。较早期的雪地车，产生的发动机噪音约为100分贝，与柴油货车相当，会干扰雪场游客和野生动物的生活。与其他机动车辆类似，目前雪地车也采用了减少噪音的技术，如在发动机和机盖之间填充泡沫。

为解决污染及噪声的问题，目前很多旅游区都会规划出雪地车通行的专用路线，通过放置专用指示牌来协助驾驶者识别方向及路线。雪地车的线路通常是预先存在的道路，或已开发的较为熟悉的地形，不仅安全性高，对大自然的改变较少，同时也能确保车辆尽可能不影响野生动物和植被。

六、发展趋势

当今市场中，雪地摩托车的品牌还是以进口品牌为主，发展空间极大。尽量减轻自重，以便提高载重量是日后的主要发展方向。同时，加强雪地车或全地形车的各种履带的研究，也是进一步提高机动性和行驶能力的重要方向。

第三节　烘鞋机的原理及应用

一、烘鞋机的介绍

一般滑雪场都会向游客出租滑雪装备。当运动结束后，滑雪鞋内部往往残留大量的汗液，若不及时烘干、消毒，会造成鞋子内衬发霉、产生异味，细菌的滋生也严重威胁使用者的足部健康，影响游客的滑雪体验。目前滑雪场的器材租赁中心普遍设有滑雪鞋烘鞋机，在滑雪鞋入库保存之前，及时进行烘干、消毒。

全自动烘鞋机是专为雪场烘干雪鞋并同时灭菌消毒除异味而设计的专用设备。它是采用电脑控制器控制的集成设备，消毒通常采用先进的臭氧消毒灭菌方式，加热系统采用 PTC 陶瓷加热器。这种加热方式具有电热转换效率高的优点，先进设备甚至采用了智能光控感应技术，以提升节能效果，且操作方便、简单。全自动烘鞋机主要包含加热器、烘鞋架、臭氧发生器以及风机等主要部件（如图 5 - 2）。

图 5 - 2　烘鞋机

二、全自动烘鞋机的使用及日常养护

为防止温度过高而影响雪鞋内部纤维使用寿命，出风温度通常设置自动恒温 55 ± 5 ℃。

对于有自动控温功能的设备可利用光控开关控制加热，以避免浪费能源。

三、维护注意事项

1. 严格按照设备使用说明书的规范操作。

2. 注意输电线路的老化及过热情况。

3. 定期打扫，保持设备内外干净。

四、全自动烘鞋机的优势

1. 高效便捷。全自动烘鞋机短时间内就可使加热器升温，5～10 min 即可使加热量、逸出的热气及鞋吸收的热量维持在 55 ℃ 左右。此温度是烘干织物、又不损伤织物的最佳温度标准。也可根据织物的材质，调节相关的烘干参数，从而达到最佳效果。具有耗能少、效率高的特点。

2. 操作简单明了，易懂易学，掌握方便。操作面板可动态显示机器运行的工作情况，如烘干温度、干燥时间、冷却时间等，具有高低电压报警、箱体内温度异常报警、加热器异常报警等故障检测功能。

3. 电脑控制器体积小，稳定性好，抗干扰能力强，故障率低。

4. 开有散热窗，机器在运转过程中能快速将热风、湿气排出，以便达到快速烘干的效果。

5. 机器运行过程中，具有完善的安全保护系统，如电机过载保护系统、紧急停止按钮及设备过热熔断器等。

6. 陶瓷加热原件工作可靠，噪声低，寿命长，便于购买及更换。

7. 绿色环保。全自动烘鞋机内置臭氧发生器，可产生适当浓度的臭氧，除臭、干燥、杀菌及防霉的同时，无任何污染产生，真正实现"绿色干洗"。

8. 采用臭氧和紫外线组合杀菌方式，真正做到消毒无菌，特设门控开关，有效防止臭氧泄漏和紫外辐射。

9. 定制高效空气过滤器，洁净度可达 100 级。

第四节　雪圈的应用及维护

雪圈是一种 PVC 充气玩具，用于在滑雪场陡坡滑雪，又称"雪上飞碟"。该项目源于欧美，娱乐性强，由于它无行驶技能要求，安全性较高，且伴随惊险、刺激感，深受儿童及年轻人的喜爱。雪圈只能从高坡处滑下，所以其必须与雪地拖牵配套使用。拖牵可以自动将雪圈拖到雪圈场上端，游客领取后顺陡坡滑下（如图 5 - 3）。

图 5 - 3　雪圈

高品质雪圈采用了高密度聚乙烯材料，并加入了特种添加剂，使雪圈能在严寒的冬天保持不裂。通常滑雪场都设有雪圈的专用滑道，切忌在非专用道使用，否则具有一定的危险性。

工作人员在日常维护雪圈时，应做到以下几点：

1. 雪圈充气应适量，不可过满，及时检查充气量并适当补气。

2. 做好雪圈的清洁，经常擦拭表面灰尘及油污。

3. 及时检查雪圈磨损情况，防止爆裂。

4. 雪季结束后，应排掉空气后保存，同时避免阳光照射。

第五节 闸机的种类及应用

滑雪场闸机用于管理人流并规范行人出入，其最基本、最核心的功能是确保一次只通过一人，主要设置在滑雪场的两个区域，一是游客大厅内完成缴费登记后进入滑雪装备穿着区，二是上山索道入口处。

滑雪场闸机主要采用的识别方式是磁卡，磁卡是游客在办理登记时工作人员发放的，一人一卡。

滑雪场采用的闸机类型主要是摆闸和三辊闸。

摆闸，在轨道交通行业一般称为拍打门，其拦阻体（闸摆）的形态是具有一定面积的平面，垂直于地面，通过旋转摆动实现拦阻和放行。拦阻体的材质常用不锈钢、有机玻璃、钢化玻璃，有的还采用金属板外包特殊的柔性材料（减少撞击行人的伤害）（如图5-4）。

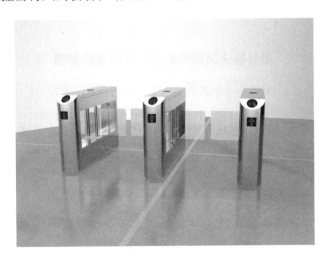

图5-4 摆闸

三辊闸也叫三杆闸、三滚闸、辊闸、滚闸。拦阻体（闸杆）由 3 根金属杆组成空间三角形，一般采用中空封闭的不锈钢管，坚固不易变形，通过旋转实现拦阻和放行（如图 5 - 5）。

图 5 - 5　三辊闸

 拓展阅读

乘冬奥之风冰雪装备产业迎来黄金期

来源：《中国旅游报》，2022 - 03 - 22

2022 年北京冬奥会、冬残奥会已圆满结束，这场冬季盛宴激发了中国人对冰雪运动、冰雪旅游的空前热情。冬奥会期间，吉林大学冰雪旅游场地装备与智能服务技术文化和旅游部重点实验室发布的《中国冰雪经济发展指数报告》指出，中国冰雪经济近些年来总体上持续快速增长，在冬奥效应的带动下，呈现出爆发式增长的态势。2021 年冰雪旅游经济发展相较 2016 年实现了翻番，2022 年将比 2021 年增长 30％以上。

中国旅游协会旅游商品与装备分会秘书长陈斌表示，后冬奥时代将是我国冰雪产业的黄金发展期。同时，冬奥会的举办，也为我国冰雪装备产业融合发展提供了契机，更为中国企业增强实力、走向世界创造了机遇，搭建了平台。

市场有需求

"我本人非常喜欢滑雪，玩单板有七八年了，每年雪季只要周末有时间就要到河北崇礼雪场玩一天。2022年春节期间，我给女儿买了一套滑雪服，带她去滑雪场体验了一下滑雪的乐趣。"家住北京市西城区的刘先生告诉记者，北京冬奥会举办期间，除了观看比赛外，他还带家人感受了一次冰雪项目的刺激。"为了能有更好的体验，我特意为女儿购买了速干衣、滑雪袜、手套、头盔等滑雪服饰配件。尤其是滑雪服平时也能穿，她非常喜欢。"

随着我国冰雪运动的日益普及，国内的冰雪运动装备迎来消费热潮。2021年"双十一"期间，雪服、雪板、滑雪镜等冰雪运动装备订单均有大幅增长。据京东"双十一"冰雪相关项目装备销售数据显示，按照类目分别计算，滑雪服成交额同比增长270%、滑雪单板订单量同比增长590%、滑雪镜订单量同比增长300%，滑雪品类自营订单量同比增长23倍。

2022年春节期间，受冬奥会影响，冰雪运动相关商品成为最热销的"新年货"，电商平台上的冰雪类装备产品成交额呈爆发式增长，其中，花样滑冰鞋增幅达到553%。

参与冰雪运动的人数增多，具备中高级运动水平的人也越来越多。从购买入门级的冰雪服饰，到挑选更加专业的冰雪器材，进而成为装备达人，冰雪运动消费结构不断优化升级，消费者对冰雪运动器材装备的实用性、观赏性、专业性都有了更高要求。

据了解，一件中高级别的滑雪服八千元左右、一副雪镜三千元左右、一副护具六百多元，一件速干衣也要几百元，一整套中高端滑雪装备一般两万元起步。刘先生表示，滑雪板一般都要几千元，售价八千元以上是比较高端的。目前，滑雪板比较高端的品牌都是国外的，但这两年国内企业也开始做自己的雪板品牌，比如乐凯奇、匹克等。"因为热爱滑雪，享受更舒适的滑雪体验，我很愿意在滑雪装备上花钱。"刘先生说。

另外，京东集团发布的"冰雪消费趋势"调查数据显示，在冰雪运动消费中，黑龙江和吉林的用户更偏爱购买冰雪专业器材，户外动作器械消费偏好显示黑龙江用户热衷购买户外装备。从年龄分布来看，25 岁以下男性对冰雪和户外运动的消费金额是同龄女性的两倍，但是在有娃家庭，35 岁以上女性购买冰雪装备的比例比男性高 25%。

陈斌表示，近几年，中国人均收入以及消费水平持续上升，让更多人愿意进行冰雪运动。而教育行业实行"双减"之后，冰雪运动已经成为家长重点培养孩子的兴趣方向。青少年及女性正成为冰雪运动装备市场的消费主力。

产品有创新

中共中央办公厅、国务院办公厅 2019 年印发了《关于以 2022 年北京冬奥会为契机大力发展冰雪运动的意见》，提出创新发展冰雪装备制造业，制定冰雪装备器材产业发展行动计划，建立冰雪装备器材产业发展平台，推动产业链上下游需求对接、资源整合；支持企业开发科技含量高、拥有自主知识产权的冰雪运动产品。

近年来，国内一些企业在冰雪运动装备制造业崭露头角，所研发产品的品质和生产能力已获得国内外市场的检验和认可，企业竞争力明显增强，取得了较好成效。

在北京 2022 年冬奥会开幕式上，各体育代表团身着各式各样时尚羽绒服入场，让一众冰雪运动品牌登上了热搜，以至于热心网友纷纷戏谑，开幕式也是"冬季羽绒服展销会""万国羽绒服模特大赛"和"大型羽绒服种草现场"。特别是中国运动员穿的国产品牌安踏羽绒服，更是火出了圈。

据了解，安踏为开幕式演员和志愿者提供的羽绒服不仅设计独具匠心，还有黑科技——石墨烯智能发热技术让其更加防寒保暖。研发这项技术的福建泉州金琴智能科技有限公司总经理庄长金表示，公司2006年开始研发加热服装，第一代服装类似电热毯，加入了碳纤维丝；第二代产品升级加入了复合碳纤维金属丝；第三代服装开始使用石墨烯材料，可显著提升远红外线辐照升温，同时附带按摩等功能；第四代衣服则使用了碳纳米管技术，可以为整件衣服加热，持续时间8个小时以上。

庄长金介绍，除了与安踏合作为冬奥会提供的加热服装系列，公司还生产有制冷服装系列、发光穿戴系列、蓝牙视频穿戴系列、智能防摔系列、监测人体健康穿戴系列等，共有国际专利68项，为众多国际大牌提供方案、模块及模组。

据悉，这些专利技术很多都处于全球领先地位。其中，金琴智能科技实验团队研发的护脸面罩使用了无源保暖雪上科技护脸技术，可以同时解决保暖和透气两个问题，在零下10摄氏度的环境中，可以让运动员吸入的空气温度提高20摄氏度，面部皮肤温度提高6摄氏度。这个面罩也在北京冬奥会上被国家越野滑雪队采用。

另外，像制冷服装系列使用的无源制冷光雪超材料织物，是科学家利用撒哈拉银蚁"银色铠甲"的仿生原理研制的一种特殊面料。"在户外暴晒环境中，人们往往会吸收大量太阳辐射，而人体热辐射效率不足以抵消太阳光的输入，从而导致皮肤温度上升。无源制冷光雪超材料织物可以实现零能耗的降温效果，为人体降温达5摄氏度。"庄长金说，这一技术除了应用在户外防晒衣上，也应用在了口罩和防护服上，既能实现有效防护又能降温，让医护工作者感觉更舒适。"这些系列服装都已经实现市场量化生产，目前公司市场主要在日本和欧美，2021年实现营收10多亿元。下一步，借冬奥会契机，公司也会在国内市场有更多布局。"

发展有动能

"我们要大力推动产业融合创新，推进冰雪装备器材与冰雪运动体验、冰雪旅游和冰雪文化融合发展，发展新业态。"工业和信息化部副部长辛国斌认为，冰雪装备器材产业是冰雪产业的重要组成部分，是贯通冰雪竞技与群众冰雪运动、连接冰雪运动各方参与者的重要载体。

小到雪板、滑雪服，大到钢架雪车、雪橇，每种装备的小小创新背后，都凝结着新科技、新材料、新工艺的大突破。如今，冬奥场馆中的中国制造、冰雪运动休闲娱乐场地上的国产设施装备，无不显示了中国冰雪装备产业的飞速发展。

河北廊坊固安道沃机电有限公司生产的雪地魔毯在全国市场占有率超过60%，并远销日本、韩国、蒙古国、俄罗斯。黑龙江齐齐哈尔黑龙国际冰雪装备有限公司新建了一条可年产10万副单板、10万副双板的滑雪板生产线。

另外，在政策引导和相关部门的共同推动下，我国冰雪装备器材在重点领域的研发攻关上也取得了突破性成果。例如，河北张家口宏达冶金机械有限公司设计制造的"塔式造雪机旋转支架"，已取得8项国家实用新型专利，改变了原有的造雪方式，承担了北京冬奥会造雪任务；国内企业自主研发的模拟滑雪机已在多所学校得到应用；数控雪板冰刀磨床已完成工程化样机研制。

冰雪装备制造产业还实现了转型升级。河北宣化工程机械股份有限公司是生产推土机、挖掘机等工程机械的骨干企业。近年来，他们抓住新机遇，研发生产了国内首台高端大马力压雪车，已在崇礼多家雪场投运。

陈斌表示，2008北京奥运会让中国旅游业受益10年，全民健身让中国体育消费蓬勃发展，一批国货运动品牌相继崛起。今年，中国冰雪装备产业销售收入预计超200亿元，这一朝阳产业将继续稳步增长，在为消费者带来更多新鲜、刺激体验的同时，也为经济发展增添新动能。

不过，有业内人士表示，国内本土的冰雪装备企业还是相对较小，硬件供应链还不是很成熟，缺乏大企业。并且与外资品牌相比，国产化的冰雪装备制造和创新仍存在差距，这是短期内难以解决的问题。

陈斌建议，相关装备企业要借力冬奥东风，大力培育自主品牌和知识产权，培养消费者对"中国制造"的忠诚度，加强原创性技术和核心技术，提供更优质的冰雪服务，打造具有国际竞争力的企业和品牌。

书写冰雪运动新荣光

来源：内蒙古学习平台，2023－11－09

杭州亚运会掀起的热潮与激情尚未褪去，又一场体育盛会将让人们的目光聚焦祖国的正北方。再过100天，第十四届全国冬季运动会将在内蒙古正式拉开帷幕。

"十四冬"是北京冬奥会后首次举办的全国冬季项目大型体育赛事。全力筹备"十四冬"以来，内蒙古高质高效推进各项工作，设施一流的场馆拔地而起，严谨专业的办赛队伍密切合作，丰富多彩的文化体育惠民活动让"十四冬"的氛围越来越浓……

冰雪健儿的梦想与荣光即将在北疆大地闪耀，周密系统的组织与筹备之下，亮丽内蒙古正以饱满的热情，迎接全国各地参赛选手以及冰雪爱好者共同续写冰雪华章。

精心筹备全力冲刺

激情燃冬运，冰雪向未来。即将举办的"十四冬"，让内蒙古的这个冬天意义非凡。

"十四冬"与国际接轨，全面对标冬奥会，2026年米兰冬奥会项目在"十四冬"全部设项。"十四冬"预计参赛运动员将达到3 700余人，将是历届全国冬运会中规模最大、项目最全的一届体育盛会，也是内蒙古首次承办全国综合性运动会。

图5-6 内蒙古自治区冰上运动训练中心

北京冬奥会、冬残奥会推动了我国冰雪运动跨越式发展，群众冰雪、竞技冰雪、冰雪产业取得了令人瞩目的成绩。"十四冬"承载着后冬奥时代巩固和扩大"三亿人参与冰雪运动"成果，进一步提高我国竞技体育国际竞争力，促进冰雪运动可持续发展以及展现内蒙古新时代经济社会发展新成就的光荣使命和重要任务。内蒙古坚持"绿色、共享、开放、廉洁"的办赛理念，"超越、精彩、和谐、平安"的办赛宗旨，高质量、高标准、高水平推进各项筹备工作。

百日展望，各赛区赛事基础设施持续优化，为赛事顺利进行打下坚实基础。

于海拉尔区东山台地，由西向东眺望，"十四冬"主场馆内蒙古自治区冰上运动训练中心宛如朵朵祥云，在广袤大地上盘旋欲上。目前，内蒙古自治区冰上运动训练中心已完成短道速滑馆、冰球冰壶馆、速滑馆、室外设施及其他综合性升级改造。

"十四冬"扎兰屯赛区金龙山滑雪场承担着极具看点的自由式滑雪空中技

巧、自由式滑雪 U 型场地技巧、滑雪登山等 7 项赛事。目前，金龙山滑雪场 7 台造雪机开足马力，进行造雪作业，迎接新雪季的到来，同时为迎接即将到来的"十四冬"做准备。

"十四冬"喀喇沁赛区美林谷滑雪场，场地内医疗救护中心、兴奋剂检测中心、警务指挥中心等 20 个功能室的设备和器材等物资全部配备完成。

"十四冬"凉城赛区凉城滑雪场在完成基础建设优化改造工作的同时，还保障着来自内蒙古、辽宁、黑龙江等地的冬季两项队、越野滑雪队的训练和备战。随着第一轮冷空气的到来，凉城滑雪场抢抓有利天气，根据温度、湿度、风向情况，于 11 月 5 日晚正式开启造雪模式。

以保障重大活动、场地设施、比赛训练、赛会服务安全为主线，"十四冬"服务保障工作正在稳步开展。

加大对运动员慎用药品的监管工作力度，制定医疗卫生保障工作方案，确立定点医院 19 所，充实完善自治区级 8 支卫生应急队伍。

扎兰屯等户外赛事场地均布设了多套自动气象站，实现赛场温度、湿度、降水、雪温、风向风速、能见度、体感温度、紫外线强度等气象数据分钟级获取并应用。

建设完成"十四冬"志愿者招募和管理服务平台，稳步推进培训和志愿者之家建设工作，已经顺利落幕的"十四冬"冰球公开组比赛、短道速滑资格赛等，让"参赛者"收获赛事服务初体验。

各项筹备保障工作紧锣密鼓推进的同时，冰雪健儿的备战也不曾停歇。

"十四冬"竞技体育项目共设 8 个大项、16 个分项、176 个小项。目前，"十四冬"冰球公开组比赛已经结束，决出 2 枚金牌。着眼于发现和培养后备力量，"十四冬"短道速滑、花样滑冰等项目设置了青年组。内蒙古代表团朝着参加公开组 8 个大项、13 个分项、超过 80 个以上的小项，参加青年组 4 个大项、8 个分项、40 个以上小项的目标努力。此刻，内蒙古各支冰上项目和雪上项目专业队分散在全国 7 个地区进行"十四冬"的备战和参赛，有 180 余位运动员和保障人员参与其中。

进入倒计时 100 天，处处都是冲刺的身影，这是我们对盛会的期待，更是应对挑战、奋进新征程的共同姿态。

大赛红利全民共享

每逢冰雪季，呼伦贝尔市海拉尔区铁路第一中学的冰场里，都会响起冰球与球杆碰撞的运动交响。

海拉尔区铁路第一中学拥有内蒙古普通高中范围内唯——支 15 至 18 周岁冰球队。前不久，守门员范子云代表青海省参加了 2023 年全国青年男子冰球锦标赛（U18）暨"十四冬"冰球项目男子青年组资格赛。

"'十四冬'这样高级别的赛事在家乡举办，我很自豪，不仅让我们有了展示自我的机会，也让大家有机会看到高水平运动员之间的切磋和较量，大家更有动力去训练了！"范子云说。

体育正在改变人们的生活方式，更加便利的场馆与服务也让百姓能够在家门口享受运动带来的健康与活力。在"十四冬"主赛区海拉尔区，内蒙古自治区冰上运动训练中心的场馆在承担赛时任务、专业队训练备战工作之外，成了市民参与全民健身活动的重要场地。

内蒙古自治区冰上运动训练中心短道速滑馆馆长于洋说："场馆建成后，在没有比赛和运动员备战的情况下，这里都是免费向市民开放的。我们还会为小朋友免费提供上冰的护具，让教练带着小朋友练习，让冰雪运动进一步普及。"

崭新的健身步道上，活力满满的市民走出快乐节拍；免费或低收费开放的体育馆里，健身达人畅享挥汗的快感……"现在来内蒙古体育馆打一场球非常方便，'蒙享动'和'蒙速办'都能预约，全程不需要人工办理。"羽毛球爱好者张国军每周都会约上亲朋好友到内蒙古体育馆打羽毛球，"互联网＋全民健身"让运动变得更简单。

为进一步丰富全民健身场地设施供给，2023 年，内蒙古陆续新建改扩建体育公园 36 个、全民健身中心 32 个、滑冰场 33 个、多功能运动场 103 个、健身步道 335 公里。截至 2022 年底，内蒙古旗县（市、区）全民健身中心覆盖率为 96%，苏木乡镇（街道）全民健身场地设施覆盖率约为 98%。在看得见、摸得着的变化中，群众感受到了实实在在的幸福。

全民健身的热情在内蒙古迸发，多彩缤纷的冰雪活动也在这个雪季与大众相遇。

2023 年 11 月，内蒙古自治区体育局发布了百场惠民活动，包括轮滑、雪地足球、雪合战等青少年冰雪赛事活动，冰雪嘉年华、四季冰雪赛等大众冰雪系列活动，冰雪那达慕等传统体育赛事活动，冬季英雄会、中国冷极马拉松等冰雪品牌赛事活动，冰雪社会体育指导员培训等公益培训活动。

内蒙古自治区体育局副局长张志表示，内蒙古紧密契合"十四冬"筹办工作，突出冰雪元素，精心策划推出特色体育赛事活动，其中自治区级活动 34 场次，各盟市活动 66 场次，活动将一直持续到 2024 年 3 月。

在家门口举办的这场全国综合性大型体育赛事，更像是一次"冰雪总动员"，全民健身、全民上冰雪的热情已被全面激发。

深挖资源激活"冰雪＋"

2023 年 10 月 18 日，内蒙古自治区冰上运动训练中心迎来一波远道而来的游客。

来自蒙古国 30 余家旅行社的代表组团，来到海拉尔区进行交流考察，探索规划两地旅游联合营销、特色路线开发、产品互推、客源互送等业务合作。

"当前，海拉尔区正借势'十四冬'，借助俄蒙地缘毗邻优势，多方面拓展冰雪旅游内容。希望通过交流，重点推荐海拉尔区特色旅游资源，吸引国内外更多的游客来内蒙古看'十四冬'。"呼伦贝尔千通国际旅行社有限公司总经理贾峰说。

内蒙古118万平方公里的广袤大地上，几乎"收纳"了中国各地的冰雪美景。借着"十四冬"带来的巨大能量，内蒙古冰雪旅游在全域旅游中更加耀眼，冰雪旅游品牌影响力不断提升。

图5-7　冰雪那达慕，展现大美呼伦贝尔

呼伦贝尔冬季旅游那达慕、兴安盟"温泉雪域·冰火两重天"、银色锡林郭勒草原冰雪那达慕、"暖心冬日·鄂尔多斯"冬季旅游活动、"冰雪狂欢·魅力青城"主题国际冰雪旅游节等节庆文化活动，已成为各盟市极具代表性的冬季旅游品牌。

得天独厚的冰雪资源，在为内蒙古冬季的自然风光披上银色外衣的同时，还创造了独特而迷人的冰雪文化。

11月1日，国内速滑名将齐聚2023—2024赛季中国杯速度滑冰精英联赛第一站暨"十四冬"资格赛。场边，230多位来自俄罗斯的师生为这场精彩赛事加油呐喊。这是"寻迹万里茶道共享精彩冬运"中俄青少年文化体育冰雪研学之旅的第一站。"我特别喜欢滑冰，这里的赛场冰面质量真好，希望以后有机会来中国训练。"身为滑冰爱好者的伊戈尔望着洁白的冰面，对场馆内的设施赞不绝口。

图5-8　中俄青少年文化体育冰雪研学之旅

观看非遗手工制作、冰雪主题展览；走进呼伦贝尔学院和新海中学，上一堂中国文化课；与95个呼伦贝尔志愿者家庭结对，包饺子、剪纸……以冰雪为桥梁，不同国度的文化交流碰撞，绽放出友谊之花。

新产业、新业态、新模式也在冰雪画卷下徐徐展开。"十四冬"不仅仅是冰雪运动的盛宴，更带给我们发展冰雪经济的大好机遇。

冷是资源，更是财富。2018年，国家气候中心授予呼伦贝尔市牙克石"中国冰雪之都"称号，通过充分利用得天独厚的气候资源，牙克石推动建成了国家高寒机动车质量监督检测中心和机动车质量检测国家实验室。目前，国家高寒机动车质量监督检测中心已引进博世（呼伦贝尔）汽车测试技术中心有限公司等4家汽车测试企业，不断扩大测试规模，提高市场占有率。2021—2022年测试季测试车辆1 193台，营业收入7 283万元。年均完成测试车辆1 000余台、接待国内外客户100余家、1.5万余人次，实现营业收入1亿元左右。

从参与冰雪，到利用冰雪，再到发展冰雪，内蒙古稳扎稳打，擦亮冰雪品牌。从大草原到大雪原，内蒙古探索出更多"冰雪＋"的解法。

2024 年 2 月 17 日，"十四冬"的圣火将在内蒙古自治区冰上运动训练中心主火炬塔点燃，我们热切期待那一刻。冰雪之约绘就美好未来，内蒙古呈现给世界的，将不仅是精彩的体育盛会！

附　录

"带动三亿人参与冰雪运动"调查主要数据结果

来源:《中国体育报》,2022-01-13

2015年北京冬奥会申办成功以来,各地方、各部门坚持以习近平新时代中国特色社会主义思想为指导,以加快建成体育强国为目标,以举办北京冬奥会为契机,推动冰雪运动的推广普及,社会各界参与冰雪运动的积极性不断提高,实现了"带动三亿人参与冰雪运动"的目标。

一、2015年北京成功申办冬奥会以来,全国居民冰雪运动参与人数为3.46亿人

根据本次调查相关结果推算,2015年北京成功申办冬奥会以来,全国居民冰雪运动参与率为24.56%,冰雪运动的参与人数为3.46亿人,实现了"带动三亿人参与冰雪运动"的总体目标。

1. 18至30岁居民冰雪运动参与率最高

分年龄看,18岁及以上居民的冰雪运动参与率为26.95%,冰雪运动参与人数为3.00亿人。18岁以下居民的冰雪运动参与率为15.62%,参与人数为0.46亿人。18岁及以上居民冰雪运动参与率比18岁以下居民高11.33个百分点,参与人数多2.54亿人。

分年龄段看,冰雪运动参与率和参与人数随年龄增长而下降。其中18至30岁居民冰雪运动参与率最高,为37.27%,参与人数为0.82亿人;60岁以上居民参与率最低，为 13.09%，参与人数为 0.33 亿人。

2. 22.86% 的参与者体验过室内冰雪运动

调查结果显示，在 2015 年以来参与过冰雪运动的受访群众中，22.86% 参与过室内冰雪运动（如室内滑冰滑雪、体验室内模拟滑雪机等），77.14% 没有参与过。

分城乡看，在 2015 年以来参与过冰雪运动的受访群众中，24.54% 的城镇受访群众参与过室内冰雪运动，比农村高 7.55 个百分点；分性别看，24.23% 的女性参与过室内冰雪运动，比男性高 2.13 个百分点；分年龄看，26.76% 的 18 至 30 岁受访群众参与过室内冰雪运动，比重最高，比最低的 60 岁以上受访群众高 17.96 个百分点；分受教育程度看，29.32% 的大学本科及以上学历者参与过室内冰雪运动，比重最高，比最低的初中学历者高 18.86 个百分点；分职业或身份看，29.71% 的企业管理人员参与过室内冰雪运动，比重最高，比最低的离退休人员高 19.62 个百分点。年龄、受教育程度和职业分组的差距相对较大。

分南北方看，30.59% 的南方受访群众参与过室内冰雪运动，比北方地区高 12.93 个百分点；分区域看，29.34% 的东部地区受访群众参与过室内冰雪运动，比重最高，比最低的东北地区高 15.91 个百分点。

3. 最近 1 年内参与过冰雪运动的人数为 1.18 亿人

从参与冰雪运动的周期看，最近 1 年内，18 岁及以上居民的冰雪运动参与率为 10.60%，参与人数为 1.18 亿人；最近 2 年内，参与率为 15.38%，参与人数为 1.71 亿人；最近 3 年内，参与率为 18.14%，参与人数为 2.02 亿人。

4. 城镇居民冰雪运动参与率明显高于农村

分城乡看，城镇居民冰雪运动参与率为 29.93%，参与人数为 2.69 亿人；农村居民冰雪运动参与率为 15.08%，参与人数为 0.77 亿人。城镇居民的冰雪运动参与率比农村高 14.85 个百分点,参与人数多 1.92 亿人。

5. 北方地区冰雪运动参与率远高于南方地区

分南北方看,北方地区冰雪运动参与率为 32.43%,参与人数为 1.86 亿人;南方地区参与率为 19.19%,参与人数为 1.61 亿人。北方地区冰雪运动参与率比南方高 13.24 个百分点,人数多 0.25 亿人。

6. 东北地区的冰雪运动参与率明显高于其他区域

分四大区域看,东部地区冰雪运动参与人数较多,东北地区冰雪运动参与率较高。东、中、西和东北地区冰雪运动参与率分别为 25.34%、18.64%、22.07%、51.74%,参与人数分别为 1.43 亿人、0.68 亿人、0.84 亿人、0.51 亿人。由于气候原因,东北地区居民的冰雪运动参与率最高,其后依次为东部、西部和中部地区,参与率相差不大,呈现冰雪运动的"南展西扩东进"态势,并反映冰雪运动发展同时受制于气候条件与经济条件。从人数规模看,东部地区参与冰雪运动的人数最多,比最少的东北地区多 0.92 亿人。

二、近四成参与者表示每年开展 1 至 2 次冰雪运动

1. 逾四成的参与者近一年内参与过冰雪运动

调查结果显示,从最近一次参与冰雪运动的时间来看,在 2015 年以来参与过冰雪运动的受访群众中,选择"半年以内""半年至一年"的比重分别为 7.05%、34.96%,比重合计为 42.01%;选择"一年至两年""两年至三年""三年前"比重分别为 18.15%、9.84% 和 30.00%。

从群体看,41 至 50 岁、51 至 60 岁、60 岁以上,小学、初中、高中(中专/职高/技校)学历者,离退休人员、进城务工人员、务农农民,南方、东部和中部地区选择"三年前"参与过的比重最高,其他各群体选择"一年以内"的比重均最高。

2. 38.43%的参与者每年开展 1 至 2 次冰雪运动

从参与冰雪运动的频率看，在 2015 年以来参与过冰雪运动的受访群众中，选择"一年 1 至 2 次"的比重最高，为 38.43%；其次是"三年或更久一次"，为 36.92%；选择"两年一次"和"一年 3 至 5 次"比重分别为 13.63% 和 7.16%；选择"一年 5 次以上"的比重最低，为 3.86%。

从群体看，各群体选择比重最高的均为"一年 1 至 2 次"或"三年或更久一次"。其中，18 至 30 岁，国家机关人员、在校学生，北方、东北地区受访群众选择"一年 1 至 2 次"的比重相对较高，均超过 40%；60 岁以上，小学学历者，离退休人员，南方地区受访群众选择"三年或更久一次"的比重相对较高，均超过 45%。

3. 逾九成冰雪运动参与者系自发参与冰雪运动

从参与冰雪运动的方式看，在 2015 年以来参与过冰雪运动的受访群众中，受访群众首选"个人自发参与"的比重最高，为 92.64%；选择"公司或单位组织"和"社区居委会组织"的比重相对较低，分别为 12.26% 和 3.97%。

从群体看，各群体均首选"个人自发参与"冰雪运动。分城乡看，城镇受访群众选择"个人自发参与"的比重为 93.06%，比农村高 1.90 个百分点；分性别看，男性为 92.81%，比女性高 0.48 个百分点；分年龄看，31 至 40 岁受访群众比重最高，为 93.30%，比最低的 51 至 60 岁受访群众高 2.81 个百分点；分受教育程度看，未上过学比重最高，为 96.00%，比最低的高中（中专/职高/技校）学历者高 5.49 个百分点；分职业或身份看，自由职业者比重最高，为 95.34%，比最低的商业/服务业员工高 5.13 个百分点。

分南北方看，北方地区选择"个人自发参与"的比重为 94.03%，比南方地区高 3.47 个百分点。分四大区域看，东北地区比重最高，为 94.38%，比最低的中部地区高 3.61 个百分点。

4．"娱乐休闲"是参与冰雪运动的主要目的

从参与冰雪运动的目的看，在 2015 年以来参与过冰雪运动的受访群众中，选择"娱乐休闲"的比重最高（70.35%），其次为"强身健体"（15.78%）和兴趣爱好（11.49%）；选择"追求时尚"（0.19%）和"竞技比赛"（0.15%）的比重相对较低。

从群体看，各群体参与冰雪运动的主要目的均首选"娱乐休闲"。分城乡看，城镇受访群众参与冰雪运动主要为了"娱乐休闲"的比重为 72.25%，比农村高 8.59 个百分点；分性别看，女性为 74.29%，比男性高 6.16 个百分点；分年龄看，18 至 30 岁受访群众比重最高，为 75.12%，比最低的 60 岁以上受访群众高 18.47 个百分点；分受教育程度看，大学本科及以上学历者比重最高，为 74.14%，比最低的未上过学的高 26.14 个百分点；分职业或身份看，商业/服务业员工比重最高，为 75.71%，比最低的务农农民高 22.43 个百分点。

分南北方看，北方地区参与冰雪运动主要为了"娱乐休闲"的比重为 70.42%，比南方地区高 0.19 个百分点。分四大区域看，东北地区比重最高，为 72.35%，比最低的中部地区高 3.40 个百分点。

5．场地设施缺乏是阻碍参与冰雪运动的首要因素

对阻碍参与冰雪运动的因素，受访群众首选"附近缺乏冰雪运动场所"（57.52%）；其次是"没有时间"（49.31%）和"不知道哪里举办活动"（31.25%）；其他依次为"有一定风险，怕受伤"（21.80%）、"不感兴趣"（19.91%）、"不会且没人教"（18.57%）、"场所、项目收费高"（16.70%）、"身体状况不允许"（14.75%）、"冰雪运动场所服务和设施较差"（8.68%）。

从群体看，未上过学、小学、初中学历者、产业工人、进城务工人员、

北方、东北地区受访群众首选"没有时间",其他各群体均首选"附近缺乏冰雪运动场所"。

6. 有孩子的受访群众中,15.73%的受访群众表示孩子学校有冰雪体育活动或开展了知识普及

调查结果显示,56.79%的受访群众表示家中有 18 岁以下的孩子。其中,15.73%的受访群众表示孩子学校"有"冰雪运动类的体育课或者开展过冰雪知识文化的宣传普及,65.74%的受访群众表示"没有",12.43%的受访群众表示"不清楚",6.10%的受访群众表示家中孩子是"学龄前"儿童。

7. 1.29%的受访群众在从事冰雪运动相关职业或冰雪产业

调查结果显示,从事冰雪运动相关职业或冰雪产业的受访群众占 1.29%。

从群体看,未上过学、小学、私营企业主从事冰雪运动相关职业或冰雪产业的比重相对较高,均在 2% 以上;18 至 30 岁,大学专科和大学本科及以上学历者,国家机关人员、文教科体卫人员、在校学生,中部地区、东北地区比重相对较低,均在 1% 以下。

三、受访群众对冰雪运动的态度较为积极

1. 近三分之二的受访群众表示愿意参与冰雪运动

对参与冰雪运动的意愿,表示"非常愿意""比较愿意"的受访群众分别占 21.36%、43.69%,比重合计为 65.05%。表示"不太愿意"的占 28.41%,表示"非常不愿意"的占 6.53%。

分城乡看,城镇受访群众表示"非常愿意""比较愿意"的比重合计为 68.70%,比农村高 10.68 个百分点;分性别看,男性比重合计为 67.82%,比女性高 7.49 个百分点;分年龄看,18 至 30 岁受访群众比重合计最高,为 71.84%,比最低的 60 岁以上受访群众高 25.68 个百分点;分受教育程度看,大学本科及以上学历者比重合计最高,为 79.54%,比最低的未上过学的高

45.01 个百分点；分职业或身份看，国家机关人员比重合计最高，为 81.45%，比最低的务农农民高 32.90 个百分点。

分南北方看，北方地区表示"非常愿意""比较愿意"的比重合计为 67.54%，比南方地区高 4.60 个百分点；分四大区域看，东北地区比重合计最高，为 69.02%，比最低的西部地区高 6.35 个百分点。

2. 近六成的受访群众认为当前参与冰雪运动的氛围较好

对当前群众参与冰雪运动的氛围，表示"非常好""比较好"的受访群众分别占 19.39%、37.65%，比重合计为 57.04%。表示"不太好"的占 32.83%，表示"非常不好"的占 10.14%。

分城乡看，农村受访群众表示"非常好""比较好"的比重合计为 62.37%，比城镇高 8.09 个百分点；分性别看，女性比重合计为 58.18%，比男性高 1.82 个百分点；分年龄看，60 岁以上受访群众比重合计最高，为 67.58%，比最低的 31 至 40 岁受访群众高 15.32 个百分点；分受教育程度看，小学学历者比重合计最高，为 68.27%，比最低的大学本科及以上学历者高 20.33 个百分点；分职业或身份看，务农农民比重合计最高，为 66.25%，比最低的企业管理人员高 20.19 个百分点。

分南北方看，北方地区"非常好""比较好"的比重合计为 61.00%，比南方地区高 7.33 个百分点；分四大区域看，东北地区比重合计最高，为 65.49%，比最低的东部地区高 11.13 个百分点。

四、受访群众对我国成功举办 2022 年北京冬奥会充满信心

对成功举办 2022 年北京冬奥会表示"很有信心""较有信心"的受访群众分别占 85.21%、11.46%，比重合计为 96.67%。

分城乡看，城镇受访群众表示"非常好""比较好"的比重合计为 97.43%，比农村高 2.23 个百分点；分性别看，男性比重合计为 96.76%，比女性高 0.25 个百分点；分年龄看，18 至 30 岁受访群众比重合计最高，为 97.22%，比最低的 51 至 60 岁受访群众高 1.65 个百分点；分受教育程度看，大学本科及以上学历者比重合计最高，为 98.28%，比未上过学的高 13.26 个百分点；分职业或身份看，国家机关人员比重合计最高，为 98.62%，比最低的务农农民高 5.23 个百分点。

分南北方看，北方地区表示的"很有信心""较有信心"比重合计为 97.15%，比南方地区高 0.89 个百分点；分四大区域看，东北地区比重合计最高，为 97.62%，比最低的西部地区高 1.98 个百分点。